나는 주목받는 20대이고 싶다

스스끼 겐지 / 이정빈 옮김

지성문화사

오늘의 20대는 무엇을 어떻게 해야 하는가

나는 주목받는 20대이고 싶다

스스끼 겐지/이정빈 옮김

길을 찾는 20대에게

청춘은 인생의 가장 빛나는
시기임과 동시에 나머지 인생에 대한
최후의 준비기간이다. 이 시기를 어떻게 보내느냐에 따라서
인생의 가치가 달라진다. 젊은이여!
청춘의 시간을 천금보다 더 귀하게 생각하라.
젊은이에게 가장 소중한 것은 매일매일 최선을 다해
열심히 사는 것이다.

젊은날을 사는 방식

인간의 일생에 있어서 가장 빛나는 시기는 20대이다. 체력적으로도 가장 왕성하고 정신적으로도 정열이 넘치고 있는 상태이다. 그래서 20대 청춘을 인생의 황금기라고 한다.

이 시기는 남녀 불문하고 부모를 떠나 자립하게 된다. 특히 남자는 마치 젊은 수코끼리가 그때까지 함께 살아온 무리를 떠나, 홀로 정글 속에 들어가 밀림의 왕자가 되어 가는 과정과 비슷하다. 약육강식의 논리가 지배하는 세상에서 자기의 위치를 정하는 것도 스스로가 해야 한다.

20대는 인간의 기본적인 성격이 형성되어 가는 마지막 시기이다. 이때 받은 정신적 영향은 언제까지나 인간을 지배한다.

예컨대 예절을 몸에 익힌 사람은 일생 동안 예절 바른 마음을 유지할 것이며, 근검 저축한 사람은 일평생 그 습관으로 살아가게 된다. 또한 20대에 자기 수업에 충실한 사람은 어엿한 사회의 주역으로 활약하게 된다. 그렇기 때문에 인생의 가치는 20대 청춘을 어떻게 보내느냐에 따라 결정된다고 해도 과언이 아니다.

20대를 계절에 비유한다면 봄에 해당된다. 봄은 씨를 뿌리는 계절이다. 농부가 봄에 씨를 뿌리지 않으면 가을에 수확을 거두지 못하는 것은 당연하다. 좋은 씨를 뿌리면 좋은 열매를 거두게 되고 나쁜 씨를 뿌리면 나쁜 열매를 거둘 수밖에 없다.

세상은 결코 호락호락한 무대가 아니다. 누구에게나 똑같은 대우를 해주지 않는다. 개개인의 능력과 노력, 그리고 품성에 합당한 대우를 한다. 능력도 없는 사람이 능력 있는 사람과 똑같은 대우를 받으려고 한다면, 세인의 웃음거리가 되고 미치광이 취급을 당하기 십상이다.

　세상의 인간 평가 기준은 간단하다. 얼마만큼 노력했는가와 인간성은 어떠한가를 놓고 따진다. 전자는 그 사람의 재능에 대한 평가이다. 학문을 충실히 닦았는가 혹은 기술을 훌륭히 연마했는가가 이에 해당된다. 이 두 가지는 그저 얻어지는 것이 아니다. 오랜 시간과 피나는 노력 끝에 쌓이는 것이 학문과 기술이다.

　후자는 인간의 성품이다. 학문과 기술이 뛰어난 사람이라 할지라도 성품에 결함이 있다면 좋은 평가를 기대할 수 없다. 성품은 예절에서 가장 잘 나타난다. 즉 사람과의 관계에서 보이게 되는 태도와 마음 씀씀이에서 인간성이 드러나는 것이다. 이러한 인간 평가의 기준이 되는 모든 것을 배우고 익힐 시기는 20대를 보내고 나면 다시는 없다. 그런 의미에서 20대는 치열한 경쟁사회로 나가는 최후의 준비기간임과 동시에 출발점이다.

　이 시기에 자기향상에 충실한 사람은 확실히 사회에 나와서도 강하다. 특히 조직 속에서 뛰어나다. 더구나 그 힘은 언제까지나 지속된다. 반면에 오로지 노는 것에 정신이 팔려 20대 청춘을 고스란히 보낸 사람은 그때부터 열패감과 함께 후회의 나날을 보내게 된다. '아차!'하고 후회를 하여도 이미 때는 늦었다.

세상의 모든 일에는 때가 있다. 공부하는 데도 때가 있고, 효도에도 때가 있다. 결혼에도 때가 있고, 심지어는 질병에도 때가 있다. 학창시절에 공부하지 않으면 공부할 기회는 요원해진다. 부모님이 살아 계실 때 효도하지 않으면 죽은 후에 땅을 치고 통곡해도 소용이 없다. 질병을 발견하고 치료하는 데 시기를 놓쳐 목숨을 잃게 된 경우도 많다.

애석한 일이지만, 인간은 현재라고 하는 시간을 정확하게 포착하는 것이 서툴다. 때문에 청춘의 한가운데에 있을 때는 청춘의 가치를 알기 어려운 것이다. 그것은 세월이 흐른 후, 다시는 그 시절로 돌아갈 수 없을 때에 이르러서야 비로소 깨닫게 된다.

"아아! 그때 그렇게 했어야 했는데……."

"그때 놀지 말고 공부를 했더라면……."

때를 놓치고 후회하는 말이 인간의 말 중에서 가장 슬픈 말이다.

나는 오늘의 20대들을 예의 주시해 왔다. 그 느낌을 솔직히 표현한다면 매우 염려스럽다. 왜냐하면 일생을 지배할 청춘기를 너무 쉽게 보내고 있다는 생각에서이다. 분명한 사실은 즐겁고 쉽게 20대를 보낸 인간처럼 시시한 인간은 없으며, 훗날 청춘의 허비를 뼈저리게 후회한다는 것이다.

모름지기 20대는 피끓는 젊음만큼 이상이 높아야 하고 행동이 힘차야 한다. 가치있는 그 무엇인가를 위해 철저히 빠져들 수 있는 용기와 끈기가 있어야 한다. 바로 이것이 젊은이의 철칙이다. 젊음이 아름다운 것은 끝없는 가능성과 함께 몸에 표현력이 있기 때문이다.

나는 이 책에서 '젊은날을 사는 방식'을 조목조목 제시했다. 오늘날의 20대가 꼭 알아야 하고 배워야 하고 실행해야 할 사항들이다. 부디 젊은이들에게 진정한 청춘의 의미를 깨닫게 하는 데 일조하기를 충심으로 기원한다.

스스끼 겐지

차례

제1장

20대에는 인생의 두 가지 귀중한 불이 켜진다

제2장

20대에 해두어야 할 일

제3장

이런 20대가 미래의 주역이 된다

제4장

행복한 가정만들기

차례

제5장

그대는 지금 빛나는 청춘을
살고 있는가

20대에는 인생의 두 가지 귀중한 불이 켜진다

✳

청춘시절을 어떻게 지내느냐 하는 것은
가치관의 문제이다. 인생을 남보다 월등히
값지게 살아가는 사람이 있는 반면에
처량하게 살아가는 사람이 있다.
그것을 결정하는 시기가 바로 20대이다.

❶
20대란 무엇인가

청춘은 마음껏 즐겨야 한다.
그것과 동시에 이제부터 시작되는 나머지 인생의
최후 준비기간이란 것도 충분히 명심해야 한다.
인생의 가치는, 20대 청춘을
어떻게 보내느냐에 따라 결정된다 해도
좋기 때문이다.

인생의 원점은 20대에 있다

인간은 30대, 40대, 50대가 되어 무엇인가를 생각할 때가 많다. 그러다가 문득 이 생각의 근본은 어디에 있었는가를 살펴 보면, 언제나 거기에 있는 것은 20대의 청춘이란 것을 느끼게 된다. 내가 이 글을 쓰는 목적이 바로 20대인 당신이 이 중대한 인간적 사실을 알아주기 바라기 때문이다. 20대야말로 당신의 정신, 마음가짐의 기본을 결정하는 시기인 것이다.

스무 살 때에 상냥한 마음을 지니고 있는 사람은, 평생을 상냥한 마음씨로 살아가게 될 것이다. 거친 투쟁심을 심어버린 사람은 일생을 두고 타인과 투쟁하며 살아갈 것은 틀림없다.

현재의 20대는 빛나는 청춘의 한복판에 서 있다. 나로서는 당신이 지금 무엇을 하고 있는지는 모르지만, 오늘의 경험과 사고가 당신의 나머지 인생 전체를 좌우하게 된다고 해도 과언

이 아니다. 그러므로 현재 당신이 화려하게 보내고 있는 20대
는 인생에 있어서 너무나도 위대한 것이다.

혼히 20대를 '피끓는 젊음'이라고 한다. 나이 든 사람들은
젊다고 하면 누구나 기뻐한다. 그것은 육체적으로 젊었다는 이
유도 있겠지만 그보다도 자기 속에 어떤 많은 가능성을 더욱
키울 수 있는 시간이 충분히 있다는 것을 의미하기 때문이다.

인생의 황금기인 청춘은 마음껏 즐겨야 한다. 그것과 동시에
이제부터 시작되는 나머지 인생의 준비기간이라는 것도 충분히
명심해 둬야 한다. 당신의 인생의 가치는 20대 청춘을 어떻게
보내느냐에 따라 결정된다고 해도 좋다. 그러니까 청춘은 아
름다운 것이다. 그것은 마음의 시대이기 때문이다.

젊음이란 무엇인가?

지금 우리들은 평화롭게 살고 있다. 젊은 사람도 그렇다. 자
유롭고 풍요로운 사회의 은혜를 몸 가득히 향유하고 있는 것
이다. 그러나 젊음이란 그저 시간을 즐겁게 보내는 것만이 아
니라 자기 내부의 가능성을, 삶의 개척을 위해 부딪혀 나가는
시기이다.

젊은이들은 도전이라는 단어를 곧잘 입에 담는다. 뜨거운 피
가 끓기에 무엇에나 도전해 보고 싶은 것이다. 그러면 도전이
란 무엇인가? 결국은 자기 자신에게 도전하는 것이다. 그런데
불행히도 우리 인간은 정작으로 자기 자신에 대해서는 별로 아
는 것이 없다.

"세계의 모든 일에 대해 알 수 있으면서도 더욱 모를 것은 자
기 자신이다."

　독일 최대의 문호 괴테의 말이다. 이 말처럼 인간은 자기 자신에 대해 잘 모르기 때문에 자신을 어떻게 키워나가야 할지 예측할 수 없게 된다.

　20대는 자기답게 살아가는 '주체성'을 발견하는 것이 중요하다. 텔레비전의 영향으로 사고와 행동, 그리고 외모의 치장이 획일화되어 가고 있지만, 용기있는 20대라면 획일화된 틀 속에 자신이 들어가는 것을 부끄러워해야 한다. 이 말은 스스로의 개성을 살려 주체성을 키워야 한다는 말이다.

　젊은 사람들은 흔히 청춘시절의 개성이라는 것을 자기 자신은 모르고 있을 수가 있다. 왜냐하면 대부분의 그것은 타인이 결정하기 때문이다.

　"저 사람은 의지가 굳다. 개성적이다."

　"아무개는 부화뇌동하지 않고 나름대로 개성적인 삶을 영위하고 있다."

　이런 말을 해주는 사람은 언제나 다른 사람이다. 그 말들을 흘려버려서는 안 된다. 그것이 자신도 잘 모르고 있는 독특한 개성인 경우가 많기 때문이다. 그리고 주위에서 여러 가지로 언급되면 점점 그러한 선에 따라 자신이 형성되어 가는 것이다. 더욱이 그런 과정에서 노력하는 동안 저것도 해보라, 또 이것에도 도전해 보라는 식으로 의욕이 자꾸 솟아나 보통 사람 이상으로 삶의 폭을 넓혀가는 것이다. 바로 이런 것의 차이가 개성으로써 사람들의 눈에 비치게 된다.

❷
인생행로는 20대에서 정해진다

20대에는
인생의 귀중한 등불이 두 번 켜진다.
그것은 20대 전기에 다가오는 취직과, 후기에 찾아오는 결혼이다.
대부분 남자의 인생행로는 여기서 행동방향,
즉 진로를 결정짓게 된다.

'동'과 '정'─참다운 청춘을 맛보고 있는가

20대라고 하는 것은, 인간이 동(動)에서 정(靜)으로, 자유에서 속박으로, 무모함에서 평범함으로 이행하는 시기이기도 하다. 10대라는 청춘의 전기는 신체 안에 있는 에너지가 외부로 튀어나오려 하지만, 20대가 되면 그것을 교묘히 억제하려는 암묵의 기술이 스스로 몸에 익혀진다. 그것은 고교야구와 대학야구를 비교하면 한눈에 알 수 있다. 대학야구에는 고교야구가 지니는 태양빛을 닮은 격렬함은 없지만, 프로야구와 가까운 느낌을 주는 냉정함이 있다.

청춘시절에 이 두 가지 태도를 경험한 인간은 훌륭하다. 무엇인가에 도전했던 청춘은 그 결과에 상관없이 인생의 소중한 경험을 얻은 것이다. 또 이 때의 경험은 나머지 인생을 두고 깊은 인상으로 남아 있게 된다.

진정으로 그렇다. 아무런 인상도 없는 멍청한 청춘을 보낸 인간만큼 보잘것없는 사람은 없다. 단지 대학입시를 위해 지식을 머리 속에 억지로 처넣기만 하는 10대를 보내고 취직운에 날을 지새우는 20대 초기를 보낸다고 해서야, 마음의 내면적 축적은 전혀 하지 못하고 청춘을 끝내게 된다.

유감인 것으로 취직과 결혼, 그리고 자식이 생기는 식으로 나감에 따라, 인간이면 누구나 걸어가야 할 평범한 길을 걷게 되는 것이다.

문호 모파상은 월급쟁이 시절을 회고하여 이런 말을 했다.

"매일, 매주일, 매달, 매년, 같은 일의 반복이었다. 변한 것이라면, 결혼한 것과 첫아기가 탄생한 것과, 부모님이 돌아가신 것뿐이다. 또 한 가지 무엇인가 있었지. 그렇다. 월급이 조금씩 올랐을 뿐."

진로를 결정하는 취직과 결혼

사회는 전쟁터와 흡사한 생리를 갖고 있다. 약육강식의 논리가 사회를 지배하는 것은 고금이 동일하고 동서가 매일반이다. 그렇기 때문에 생존경쟁이 치열한 직업사회는 때론 생명을 걸 만한 분망과 위험에 부닥치는 일이 있다. 또한 상사 및 동료와의 인간관계에 세심한 주의를 기하지 않으면 정신적인 갈등의 소지가 항상 도사리고 있다.

어쨌든 직업사회는 재미가 넘쳐흐르는 곳이 아니다. 만일 재미가 샘솟듯이 넘쳐흐르는 곳이라면, 사장은 매일 아침 회사 현관에 서서 출근하는 사원으로부터 마치 영화관이나 프로스포츠를 관람할 때와 같이 입장료를 징수할 것이다. 그것을 반대

로 돈을 줘가며 일을 시키고 있는 것이다. 역설적으로 말하자
면 직업사회는 기본적으로 재미가 없다.

인간에게 있어서 결혼은 선택이지만 일은 필수다. 일을 떠나
서는 삶의 의미를 찾을 수 없다. 그 일이 있는 직업사회를 더없
이 즐거움이 있는 장소로 하는 것은 오로지 당신 자신의 재능
과 성격에 달려 있는 것이다. 조직에 들어가보면 알겠지만, 불
과 2,3년의 근무로 일을 자신의 것으로 완전히 지배하여 당당
하고도 자신있게 업무에 종사하는 사람이 있는 반면에 몇 년간
이나 일했어도 일에 지배되어 사는 사람이 있다. 전자는 일이
즐겁고 후자는 괴롭기가 이루 형용할 수 없다. 이 모든 것이 청
춘시절을 어떻게 보냈는가에 따라서 생겨난 결과라고 할 수
있다. 20대가 인생의 가치를 결정해 버리는 것이다.

20대에는 인생의 귀중한 등불이 두 번 밝혀진다. 그것은 20
대 전반기에 다가오는 취직과, 후반기에 찾아오는 결혼이다.
또 대부분 남자의 인생행로는 여기서 진행방향을 확정짓게
된다. 직업은 큰 파도를 수많이 뚫고 타고 넘는 편이 재미있으
며, 결혼은 될 수 있는 한 요동이 적게 안전항로를 달리는 것이
좋다. 여기에도 '동'과 '정'의 조합이 절대 필요하다. 이 출발
이 20대인 것이다.

취직하고 나서 내 생활은 평범하기 짝이 없었다. 확실히 타
인이 하지 않는 일을 하며, 항상 험구 잡담 속에서 살아가고 있
는 듯한 느낌이 들지 않는 것도 아니지만, 그것은 그 이전의 경
험을 뿌리 바닥부터 흔들어 놓은 경험은 거의 없었다. 그러나
20대 초반에 완전한 교양주의를 동경한 정신은, 그로부터 30년
이 지난 오늘날에도 계속되어 1주일에 최저 30시간은 책을 읽
는다. 이 점에서만은 청춘의 촛불이 마음속에 활활 타오르고

있는 것을 느낄 수가 있다.

실패의 최대의 원인은, 너무나 간단히 '단념'해 버리는 일이다. —나폴레옹 힐—

❸
마음을 높이 가져라

20대는 마치 젊은 수코끼리가
오랫동안 함께 살아온 무리와 떨어져 혼자 정글 속을
향하여, 비로소 밀림의 왕자로 되는 과정과 흡사하다.
이 때에 마음을 높이 갖고 노력하는 20대와
저속한 생활에 만족해 버리는 20대와는,
살아가는 의미가 전혀 달라진다.

사회는 '점수로 나타낼 수 없는 재능'으로 승부한다

20대가 되어 괜찮게 여겨지는 것의 하나는, 세상에서 살아가는 능력이란 것은 별로 개인차가 없다고 느껴지기 시작하는 일이다. 고등학교까지는 성적에 의해 모든 능력이 규정되는 것이 일반적인 현상이다. 그렇지만 대학에서부터는 그것이 완화되기 시작하여 사회로 나오면 점수로 나타낼 수 없는 재능으로 인해 인간이 평가받는 경우가 많다. 즉 협조성이나 민첩성, 명랑성, 순종, 고지식함, 기획성, 용기, 판단 등이 성적보다 비중 있게 다뤄지는 것이다.

학창시절에는 성적에 묻혀 있어야만 했던 '이면적 능력'이 표면에 나타남과 동시에 노력이란 두 글자가 좋든 싫든 선명하게 부상한다. 대체로 세상을 살아가는 데에 천재는 없다. 노력하므로써 천재가 생겨나는 것이다. 고교까지는 선천적으로 머리가 좋은 자가 있기도 하고, 요령있게 공부하는 공부벌레도 있다. 그들은 대학까지는 별 어려움이 없다. 그리고 관리나 의사, 교사를 직업으로 하면 그는 그것으로 무난한 인생을 보낼 것이다. 거기에는 학벌이나 전통, 엄격한 규칙이 있어, 의사를 제외하고는 극히 착실한 승직 승급의 제도가 깔려 있기 때문이다.

그러나 이른바 회사에서 근무하는 샐러리맨에게 있어서는, 근소한 적은 수의 엘리트 사원 이외는, 점수로 되지 않는 재능으로 승부를 걸고 있다. 그런데 대부분의 20대는 그러한 능력이 노력에 의해 뒷받침되고 있는데 고의로 등을 돌리려 한다. 간단히 말해서 노력하기를 싫어한다. 영화감상이나 텔레비전 시청 등 손쉽게 즐길 수 있는 것만을 추구하며 시간과 노력을 필요로 하는 책은 단 한 권도 읽지 않는다. 어쨌든 힘겹게 고생하여 무엇인가를 구하려는 기력이 부족하다. 그러니까 곧 엇비슷한 젊은이들만이 생겨나서 채용하는 쪽인 기업측을 낙담시킨다.

이런 측들은, 샐러리맨이 되기 이전에 소형 샐러리맨으로 되어 있기 때문에 대단한 활동은 안한다. 주어진 일과 유흥에의 심취, 그리고 귀가길에 한잔하는 따위의 평범한 샐러리맨으로 전형화되어 버린다.

필요한 것은 마음을 높게 갖는 것이다. 타인과 같은 인생을 보내지 않겠다는 결의가 20대에 없으면 낮은 곳만을 걸어나가지 않을 수 없게 돼버린다.

20대에 원대한 목표가 세워진다면 더 이상 바랄 것이 없다. 그러나 20대는 인생의 복잡성을 모른다. 좀 가혹한 표현이 허락된다면, 20대는 아직 인생의 참뜻은 손톱의 때만큼도 알고 있지 않다. 그렇기 때문에 미래를 바라보고자 하는 마음이 중요하다.

내가 알고 있는 한 사람은 가정형편 때문에 고등학교에 진학하지 못했다. 진학할 수 없었던 그는 자신의 장래를 곰곰이 생각했다. 그는 스스로의 힘으로 돈을 벌겠다고 결심했다. 돈을 벌려면 장사를 하는 방법밖에 없었다. 그러나 장사 밑천이 있을 리가 없었다.

"동경으로 나가자. 거기에는 틀림없이 내가 할 수 있는 일이 있을 것이다. 점원이라도 하면서 돈을 저축하면 20대에는 내 장사를 할 수 있을 것이다."

이렇게 생각한 그는 부모로부터 겨우 교통비 정도의 돈을 받아쥐고 상경했다. 점원생활부터 시작한 그는 계획대로 20대에 장사를 시작할 수 있었고, 30대 중반에는 6층 건물을 세워 회사 사장이 되었다.

그는 융통성 없이 진실하기만 한 인간이 아니었다. 자주 타인을 도와주고, 의리와 인정이 두텁고, 가정도 원만하다. 점수로 나타낼 수 없는 재능을 마음껏 살려가고 있는 인물이다.

그는 중학교 졸업자에게 있기 쉬운 열등감을 갖고 있지 않았다. 반대로 그는 자신에게는 없는 고도의 교양을 동경했다. 이른아침부터 시작하는 작업으로 인해 피로해진 몸을 무리해서 밤에는 여러 가지 교양강좌에 비싼 수강료를 내고 참석했다. 한 번도 쉬지 않았다. 그와 이야기하고 있으면 자기가 모르는 것은 무엇이든 듣고서 공부하려는 의욕에 넘쳐 있는 20대의 훌륭한 전형적 인물의 모습을 보게 된다.

과오(過誤)나 실수 때문에 당황하는 일이 없도록 하라. 스스로의 잘못을 아는 것처럼 큰 교훈은 없다. 그것은 자기 수양의 가장 중요한 방법 중의 하나이다. ―카라일―

이제는 '스승'은 없다

20대는 표준적으로 보아도 이제부터 약 50년이란 세월을 보낼 수가 있다. 그러나 어떤 일이거나 한 가지 재능을 자기 내부에 키우기 위해서는 오랜 시간이 필요하다. 옛말에 "광음은 화살과 같고 소년은 늙기 쉬우며, 배움은 성사시키기 어렵다."고 했다.

재능을 키우기 위해서는 먼저 씨앗을 심어야 한다. 최근에 열심히 3세 교육이라든지 유아교육이 제창되고 있지만, 그것은 교과서적인 일정한 규칙에 의해 재능을 개발할 뿐이며, 진정한 인생교육은 청춘시절의 교육에 있다고 나는 믿고 있다. 왜냐하면 20대의 교육은 교사로부터 떨어진 자기 자신에 대한, 자기 자신의 교육에 지나지 않기 때문이다. 대학 교육의 기본은 학생 스스로가 천만 권의 책을 읽고, 교수에게서는 힌트나 방향을 제시받는 것이 중심이다. 취직이나 결혼으로 진행되면 이미 스승은 없다.

즉, 20대는 마치 젊은 수코끼리가 그때까지 오랫동안 함께 살아온 무리에서 떠나, 홀로 정글 속을 향하여, 비로소 밀림의 왕자가 되는 과정과 똑같은 것이다. 이 때에 마음을 높게 갖고 자기를 개발해 가려고 노력하는 20대와 저속한 생활에 만족해 버리려는 20대와는 살아가려는 의미가 아주 달라지는 것은 일목 요연하다.

나 자신을 예로 든다면, 방송국에서 근무했지만, 개인적으로는 글을 써서 자신의 생각을 발표해 가는 인간이 되고 싶다는 대학시절부터의 결심은 변함이 없다. 그 때문에 많은 책을 읽지 않으면 안 되었지만, 방송의 다양함은 자주 나의 마음을 저

지했다. 내가 처음으로 한 권의 책을 낸 것은 20대가 아니고 30
대 중반이었지만, 어쨌든 나는 목적을 달성할 수가 있었다. 현
재 50여 권이 넘는 책을 보면, 자상한 노력을 느낌과 동시에 30
년 전의 과거인 나의 20대를 연상케 한다. 만일 20대에 결심하
지 않았다면, 나에게는 지금 아무런 마음의 재산도 없으리라.

❹
존경하는 인물을 갖고 있는가

존경하는 인물이란,
인간이란 것을 초월하여 자신 안에 승화시켜
하나의 혼이 되어 자신을 이끌어 주는 인물을 말하며,
자기를 조금이라도 가까이 하려는
동경심에 충만한 마음을 갖게 한 인간을 말하는 것이다.

부모님은 존경의 대상인가?

희극배우 채플린, 화가 피카소, 그리고 가공의 인물이지만 로스탕의 희곡 《시라노 드 베르즈락(Cyrano de Bergerac)》의 주인공인 시라노, 이 세 사람은 내가 경애하는 인물이다.

나는 이 세 사람을 19세부터 22세 사이에 알았다. 청춘시절에 마음속 깊이 새겨진 인물은 일생 동안 잊을 수 없는 사람이 된다. 나는 50세를 넘긴 오늘날에도 3인의 이름을 보기만 해도 가슴이 팔딱팔딱 뛴다.

채플린으로부터는 약자에의 깊은 동정과 인간다운 아름다움을 알았고, 피카소로부터는 모든 예술적 규범에 속박받지 않은 자유와 열중적으로 새로운 예술을 추구하는 모습을 보았고, 자기를 주장하려는 의지의 강함이란 무엇인가에 대한 가르침을 받았다.

그리고 시인이며, 철학자이며, 음악가이기도 하며, 검술가인 시라노로부터는 인간의 자기탐구의 즐거움과 연애의 극치를 배웠다. 시라노는 미녀 록사아누를 마음속으로 사랑한다. 그러나 코가 너무 큰 자기 얼굴의 추함 때문에 결국 가슴속을 털어놓아 사랑을 고백하지 못한다. 최후의 숨을 거두는 순간에 록사아누가 "나를 진정 사랑해 준 것은 당신이었다."는 고백에도 "아니오, 그것은 틀립니다. 당신을 위해 힘쓴 것은 남자의 기상이었습니다." 하며 죽어가는 시라노의 마음을 나는 연애의 극치라고 생각한다.

존경하는 인물이란, 인간이라는 점을 초월하여 자신 안에 승화시켜 하나의 혼이 되어 자신을 이끌어 주는 인물을 말하며, 자기를 조금이라도 가까이 하려는 동경심에 충만한 마음을 갖게 한 인간을 말하는 것이다.

그런데 요사이 젊은이의 의식을 조사한 것을 보면, 존경하는 인물에 부친이나 모친을 첫째로 꼽는 사람이 많은 것에는 놀라지 않을 수 없다. 마음의 세계가 지나치게 좁거나 또는 아주 공백이거나 둘 중 어느 한쪽이다. 내게도 자식들이 있지만, 만일 자식이 나를 존경한다고 하면 나는 크게 당황함과 동시에 심한 절망감에 빠져버릴 것이다. 어버이란 자식들, 특히 아들이 사회에 나가게 될 때에 우선 타고 넘어가지 않으면 안 될 구체적 인간이며, 승화하여 추상화되어 존경하는 우상의 혼으로 될 입장의 인간은 아니다.

20대는 인생 중에서 사물을 추상화할 수 있는 단 하나의 시기라고 여겨진다. 나 자신을 돌이켜보아도, 또 기타의 서적에 쓴 문장을 보더라도 그렇다. 지금 새삼스럽게 생각해도, 다시금 20대에 읽었던 여러 가지 문장들을 다시 읽어보아도, 어쩌면 그때와 지금이 이렇게도 다른가를 느끼게 된다. 추상과 현실과는 굉장한 차이가 있다. 그러나 젊은날의 추상이 20대가 끝남과 동시에 꺼져 없어지는 것은 아니다. 그것은 어느새 나 자신의 사고의 기반으로 돼버린 것이다.

마치 그것은 그림을 그릴 때의 데생과도 같다고 할 수 있다. 데생을 할 때 우리는 어렴풋이 최종적인 완성을 상상한다. 그러나 그림의 완성이 상상과 일치하지 않을 때가 많다. 나는 이렇게 상상했는데 완성된 그림은 저렇게 돼버린 경우가 그것이다. 이러한 변수가 작용하기 때문에 데생에는 미지수의 즐거움과 우려가 있는 것이다. 중요한 점은 데생이 확실하지 않으면 어떤 명화라도 성립되지 않는다는 사실이다.

존경할 수 있는 인물이 있고서야 비로소 청춘은 약동한다

가장 최근에 30대, 40대, 50대인 샐러리맨들에게 존경하는 인물은 누구냐고 질문해도, '우리 회사의 사장'이라고 대답하는 사람이 많기 때문에 20대인 당신들만을 힐책할 수는 없다. 아버지라든가 사장과 같은 인물을 목표로 하는 것과, 내 경우의 채플린이나 피카소 같은 인물을 존경하는 것과는 다른 것이다. 말하자면 나에게는 목표로 하는 인물은 없다. 아무리 내가 노력해도 채플린이나 피카소로는 될 수 없다. 그러나 그들의 아름다운 사랑이나 강한 의지나 훌륭한 에너지는 내 삶의 양식으로 되어져 있다. 그리고 시라노는 나의 마음을 언제나 청춘시절처럼 약동시켜 준다.

이러한 인물은 20대가 지나면 이미 구할 수 없게 된다고 생각하는 편이 좋다. 30대로 접어들면 정신은 유연성을 잃고, 생활 범위는 마냥 좁아져 간다. 다른 인물이, 특히 존경하는 인물같이 추상화된 인간은 마음속으로 들어올 틈새가 없어져 버린다.

여성은 생리적으로 존경하는 인물을 갖는다는 것은 무척 어렵다고 한다. 기껏해야 나이팅게일 정도이다. 여기에는 여성의 살아가는 방법이 역사나 사회의 표면에서 매몰되어 버리는 탓이 크다. 또 여성은 사물을 추상화하는 능력이 국민학교 5학년 정도로써 없어져 버린다고 한다. 그 후에는 현실적인 성격만으로 살아간다고 하는데, 이것은 아이를 생산한다는 낭만에 충만해 있지만 자칫하면 생명과도 바꾸게 될지도 모르는 대사업을 현실적으로 처리해 가지 않으면 안 되기 때문에 생기는 생리작용이랄 수 있다.

이렇게 보면, 여성과는 달리 남자는 마음속에 세계를 그려보는 능력이 있다. 과거의 위대한 인물이나 현재 활동하는 인물을 본받고자 하고, 꼭 그대로는 아니더라도 마음속에 추상화하여 자기 자신의 행동이나 사고의 초석으로 하는 가능성을 내포하고 있다. 나는 처음으로 채플린, 피카소, 시라노를 가슴속에 품은 20대 초반부터 30년이 지난 현재도 미술관에서 피카소의 그림을 보면 언제까지나 그 앞에 서 있기도 하며, 외국의 거리를 걷다가 채플린 영화가 상영되고 있으면 곧 뛰어들어가 감상한다. 그리고 그 나라의 말로 자막이 써져 있지만, 어느 나라 사람도 모두 같은 장면에서 폭소하는 것을 듣고 안심하는 동시에 존경하는 인물로 이 사람을 선택한 나 자신을 스스로 어둠 속에서 만족해 하기도 한다.

무엇인가를 열중해서 구하려고 하는 마음속에, 존경하는 인물이 떠오른다. 옛과 현재와는 영웅관도 다르니까, 채플린이나 피카소와 같은 이른바 뛰어난 인물의 유형이 아니더라도, 당신들의 마음속에 여러 가지 새로운 타입의 인물상이 그려지는 것도 좋다.

❺
고독의 즐거움을 알아라

고독이야말로
남자만이 구할 수 있는 경지이며,
그것은 다감한 20대에 있어서 가장 높아져야 할 것이다.
어떤 재능을 갖고 있는 인물에게는
항상 고독감이 감돌고 있다.

고독은 사나이의 특권

사나이의 특권은 무엇인가. 그것은 고독하게 되는 일이다.
여자는 항상 무리지으려고 한다. 여성이 만일 혼자 있다면 단
지 그것은 홀로 있다는 감상적인 모습으로 타인이나 연인으로
부터 떨어진 상태를 가리킴에 지나지 않는다.

그러나 사나이가 음미하는 고독의 맛은 세계에 단 혼자 딩그
렇게 놓여진 상태를 말한다. 알기 쉽게 말하면 마카로니웨스턴
에서 속사의 명수이지만 수배당하고 있는 사나이가 서부의 황
량한 사막 속을 홀홀단신으로 정처없이 걷고 있는 그 모습이
며, 동양적으로 표현한다면 선승이 심산 속의 절 안에서 묵연
히 좌선에 임하는 것을 상상하면 된다.

고독이야말로 사나이만이 구할 수 있는 경지이며, 그것은 다
감한 20대에 있어서 가장 고귀하게 여겨져야 할 것이다. 히말

라야에 등반하려고 하거나 태평양을 혼자서 횡단해 보려는 뜻을 세우는 것은 20대에서나 가능한 고독인 것이다. 고독만이 정으로나 동으로도 통하는 자유로 넘쳐흐르는 천지인 것이다.

지금은 모두가 사이좋게라는 패턴교육이 유치원 때부터 행해지고, 더욱이 가정교육의 책임이 어머니에게로 넘어갔기 때문에 사내아이가 여자아이처럼 길러져 버리기 일쑤다. 10대, 20대가 되어도 곧 떼지어 놀고 싶어하는 패거리가 많은 것은 유감이다. 사나이다움의 첫째는 독립 독보정신에 있는데, 그것이 막 흙 속에서 싹이 나오려는 때에 뽑혀지게 되어, 고독을 구하는 청년이 적어졌다. 불량서클이나 폭주족과 같이 그룹을 갖지 못하면 어울려 놀지 못하는 등 그들이 강하게 보여도, 사실은 사나이다움이라고는 털끝만치도 없는 패거리다.

고독하게 되지 않으면 독서를 할 수도 없다. 공부하는 것만이 아니고, 어떤 재능을 갖고 있는 인물에게는 항상 고독감이 감돌고 있다.

내가 경애하는 채플린은 이렇게 말하고 있다.

"나뭇잎의 속삭임, 바람소리에도 조용히 귀기울이는 마음은, 예술을 사랑하며 인간을 사랑하는 마음이다."

그의 영화가 왜 훌륭한 명화냐고 말한다면, 그것은 어떤 영화 하나를 만들어도 그 저편에 흐르고 있는 고독감은, 어느 시대 사람이나, 인종을 불문하고 깊이 마음속으로 받아들여지기 때문이다. 그런 점이 있기 때문에 웃음이 더한층 웃음으로 부상해 오는 것이다.

고독감을 아는 사나이라고 하면 당신은 어둡고 음침한 인간을 상상할지 모른다. 그러나 영웅전을 들춰보면 알게 되듯이, 고대부터 영웅이라 하여 많은 사람들의 마음을 이끌어 온 인물은, 표면은 유감없는 쾌활함이지만, 언제나 자신을 자기의 마음속에 끌어들이는 사람들인 것이다.

자기 혼자서 돌을 들어올릴 마음이 없다면 두 사람의 품이 들어도 돌은
들어올려지지 않는다. —괴테—
사람은 기회가 오는 것을 기다릴 것이 아니라 몸소 그것을 만들지 않으면 안 된다.
—F·베이컨—

❻
세속에 물들지 말라

> 인간은 슬프게도,
> 어느 수준에 도달하면 이젠 이것으로 좋다고
> 만족해 버리기 일쑤다. 즉 타인과 비슷하게 살면
> 모두 만족하다고 생각한다. 여기서
> 타인과 다른 생활을 해야겠다고
> 결심하는 것이 중요하다.

'보편적'으로 만족할 수 있을까

현대 및 미래의 20대 젊은이에게 있어서 필수조건은, 자동차 운전을 할 수 있을 것과 외국어 회화를 한두 가지 정도는 할 수 있어야 한다는 것이다. 최소한 이것들을 구비하고 있지 않으면, 이제는 젊은이로서 살아갈 수 없을 것만 같다.

나는 운전도 하지 못하며 외국어 회화도 하지 못한다. 20대부터 방송국에서 근무하기 시작했는데, 정말 눈코 뜰 새 없이 바빴다. 내가 정식으로 휴가를 받은 것은 50세의 가을이다. 그것도 죽음 직전의 큰 병이 들어 병원에 입원했기 때문에 가능했다. 그러니까 입사 후 28년 만에 첫 휴가를 얻은 것이다. 따라서 운전을 배우러 학원에 다닐 시간 따위는 내 스케줄에 들어갈 여유도 없었다.

외국어는 사전이 있으면, 영·독·이·러시아어 등을 읽을 수

는 있지만, 전쟁 전과 바로 전쟁중의 교육이라서 회화라는 것
은 기초도 배운 일이 없다. 물론 발음도 불가능하다. 그러나
외국에 취재하러 갔을 때는 대담하게 용기와 몸짓 손짓으로 어
떻게든 해치우지만, 말이 통하지 않기에 겪어야 했던 불편함과
번거로움은 이루 말할 수 없다.

그런 경험이 있기 때문에 나는 20대들에게 가급적이면 운전
과 외국어 회화를 권장하고 싶다. 단지 이러한 기술을 몸에 익
히는 것은 누구나 노력하면 가능하다. 그러나 그것으로써는 젊
은이로서의 평균적 수준밖에 안 된다.

그러나 인간은 슬프게도 어느 정도의 수준에 도달하면, 이제
는 이것으로 좋다고, 만족해 버리는 것이다. 즉, 타인과 동일
하게 살아가면 모든 것이 만족하다고 생각하게 되기 쉽다.

외국어 회화나 운전, 오락과 유흥, 그리고 텔레비전 시청 등
이런 것과 더불어 일을 적당히 하고 있으면, 평균적 인간으로
서 평범한 생활은 할 수 있다. 더욱이 여기서 끝내버리는 10대
가 많다. 나중에는 결혼과 태어난 어린이의 수 정도가 변화라
고 하면 변화라 할 수 있는 그런 일생을 보내는 사람이 대부분
인 것이다.

타인과 다른 생활을 해보겠다는 결심을 할 필요가 있다. 그
것을 20대에 자신의 마음속에 굳게 맹세하는 것이다. 타인과
동일하게 살고 있는 것이라면, 자신은 살지 않아도 좋은 것이
아니겠는가.

20대의 결의로 지금의 내가 있다

내가 20대에 타인과는 다른 생활을 하겠다고 결심한 동기는

실로 단순했다. 25세 정도 되었을 때라고 생각된다. 어느 날 밤 직장 선배가 직장 동료 여러 명을 최고급 중국요릿집으로 데리고 갔다. 지금이라면 별로 진기하지도 않지만, 당시는 아직도 전쟁 후유증이 사라지지 않고 남아 있었고, 식량위기에서 겨우 해방된 시절이었다. 그러므로 도쿄 도심가에 있는 중화대반점은 나 같은 젊은이에게는 꿈 같은 장소였다. 그런데 선배가 들어서자 종업원들은 굽신굽신 절을 했고, 지배인은 부리나케 뛰어나와 맞이했다. 더욱이 날라온 요리는 호화찬란한 만찬이었다. 식사가 끝나고 나니 선배는 지배인에게 "잘 먹었네." 하기만 하고 돈도 내지 않고서 유유히 나갔다. 그렇게 큰 요릿집에 선배는 외상이 통했다.

나는 생각했다. '수많은 직장 선배 중에서도 이렇게 할 수 있는 것은 이 사람뿐일 것이다'라고. 그렇다면 나도 언젠가는 후배를 줄줄이 끌고 가서 큰소리치며, '야아' 하고 한 마디만 해도 종업원과 지배인이 귀빈으로 받들어 모시는 사람이 되리라고 결심했다. 실로 단순한 생각이었다. 그러기 위해서는 월급만으로는 안 된다. 어떻게 해서든지 돈을 벌어야 한다. 돈을 벌기 위해 내가 할 수 있는 일은 무엇인가. 그것은 원고를 쓰는 일이었다. 그러한 3단 논법이 현재의 나를 만든 것이다. 지금 나는 그 선배처럼 곳곳에서 귀빈 대접을 받고 있다. 이유야 어쨌든 귀한 대접을 받는 것이 천대를 받는 것보다는 아무래도 월등히 낫다.

비범한 인물이 평범하게 살고 싶다고 하면 진실미가 있다. 그러나 평범하게 살 수밖에 없는 사나이가 평범하게 살고 싶다고 하면 시큰둥하게 되거나, 쫓기는 개가 멀리 도망치며 짖는 소리처럼 애달프게 느껴지게 된다.

이러한 결심이 서게 되는 것은 20대를 제쳐두고는 일어날 리 없다. 동기가 있든 없든, 또 동기가 나같이 극히 비속하며 단순하든, 20대에 결심해 두면 결실을 보기까지의 시간은 충분히 준비되어 있을 것이다. 이것이 20대를 넘겨버리면, 눈앞의 일에 쫓기게 되어 주변을 돌아보고 있을 틈이 점점 없어진다.

20대라는 것은, 그렇게 심사 숙고와 염려를 하지 않고도 직관적으로 여러 가지 일을 결정할 수 있는 최후의 시기인 것으로 생각된다. 그것이 40대, 50대인 사람으로서 보면 직정경행 (直情徑行), 즉 생각하는 대로 거리낌 없이 말하거나 행동한다고 비판받게도 된다. 그렇지만 반대로 말하면 기성세대들은 모든 것에, 이미 군졸은 졸속을 귀하게 여긴다는 식인 직접적 행동력이나 의지 결정 능력이 없어지고 있는 것이다.

어쨌든간에 당연한 인간, 평범한 남자, 범속비속 속에서만 살려는 인물로는 되지 않겠다고 생각할 일이다. 한 번밖에 없는 인생을 어떻게 살거나 자유지만, 먹고 자고, 숨쉬고 술 마시고, 자식이나 만들어 내는 인생만으로는 재미있는 것이라 할 수 없지 않을까. 타인과 다른 생활을 하려고 하는 인간은 몇 살이 되든 정신은 20대의 건강에 넘치는 젊음이 강하게 지속되는 것이다.

❼
참다운 사랑을 알아라

진실한 사랑을 가질 수 있는 것은
20대를 고비로 끝이 난다. 그것은 타산이 없기 때문이다.
사랑이라고 하는 추상(抽象)을 마음에 느낄 수
있기 때문이다. 실연도 또한 사랑이라 생각된다.
최후의 시기이기 때문이다.

참다운 사랑이란?

 기공(技工)이 긴 세월 동안 정성껏 만든 칠기의 가치를 모르고 대량 생산하는 값싼 플라스틱제 그릇으로 모든 것을 대용하는 세상이 되었다. 그것과 마찬가지로 모든 것이 간편하게 됨에 따라 애정 또한 값싼 시대가 되고 말았다. 이혼하는 대부분의 부부들이 결혼한 지 수개월 내지 수년밖에 안 되는 젊은 커플이 차지하고 있는 것만을 보아도 지금의 연애결혼 만능시대의 연애가 얼마나 믿을 수 없는 사랑인가를 쉽게 알 수 있다.
 입시 공부에만 쫓기던 학창시절을 보내고 어떻게 하든 좋은 직장에 취직하려고 하고, 애정에 굶주린 청춘시절을 보낸 인간이 사랑의 본질을 이해할 리가 없다. 그러나 그 한편에서는 어떻게 해서라도 이성에게 자기의 존재를 인정받으려는 생각으로 머리 속이 가득 차 있는 것도 20대의 특징이다. 그것은 10대만큼이나 본능적인 것은 아니다. 그렇지만 결혼의 가능성에서는 훨씬 실행력이 풍부하다. 또한 결혼에 실패하든지, 성공하든지 간에 그 찬스는 충분히 있다.

그렇다면 참다운 사랑이란 어떤 모양의 것일까. 이것을 한 마디로 해석하기는 매우 곤란하다. 이것을 어떻게 해서라도 알아 내겠다는 데서 많은 사상과 문학이 생겼다. 그리고 인간이 인류의 역사가 시작한 이래 고민하고 때로는 생명을 끊기도 했던 것이 바로 이 문제였다.

그러나 나는 이렇게 생각한다. 그것은 그 사람이 생각할 때에 자기의 인격이 계속 향상하고 더군다나 마음속에 따뜻한 정애(情愛)가 항상 불타기를 계속할 수 있는 것이라고. 그것은 결혼이라든가, 우정이라든가, 때로는 연애라고 하는 작은 호칭으로 끝나는 것이 아니라, 그 사람 삶의 기쁨과 감동, 그리고 용기를 일생을 두고 계속적으로 주는 것이다.

내게 그런 여성이 세 사람 있다. 그 중 두 사람은 이름도 모르는 사람이다. 불과 5분쯤의 대화를 한 사람이고, 또 한 사람은 지금 이 일본의 넓은 하늘 아래 어디선가 행복하게 살고 있을 것이 틀림없는 내 어린 시절의 친구이다.

한 사람은 나에게 대자연의 존재를 가르쳐 주었고, 또 한 사람은 살아가는 일의 존엄을 가르쳐 주었다. 그리고 다른 한 사람은 나에게 따뜻한 마음을 가르쳐 주었다. 나는 기회가 있을 때마다 이 세 사람의 일을 아내에게 말한다. 그것은 당연히 결혼 전에 만난 사람이며, 아내와는 전혀 관계가 없는 사람들임은 물론이지만, 아내는 그 사람들이 나의 사물에 대한 사고 방법의 요인이 되고 있는 것을 인정하고 미소로써 받아들여 준다. 그것은 결혼이라든가, 부부라든가, 질투라든가를 훨씬 초월한 인간애이기 때문이다. 나와 아내 사이의 애정을 몇 둘레나 멀리 떨어진 사랑의 모양인 것이다.

지금 당신은 조용히 눈을 감아보라. 그리고 당신이 가장 사랑하고 있는 사람의 면모를 눈 속에 그려보라. 그때 당신의 마음속 깊은 데서 따뜻한 감정이 끓어오르는 것을 느끼는가. 그 사람을 생각할 때 어떤 고통스런 환경에도 견디고 살아가려고 하는 용기가 몸에 넘쳐흐르는가.

사랑하기 위해서는 동시에 사랑을 받는 인간이 아니면 안된다. 당신은 누군가를 사랑해 보고 싶은 기분은 충만해 있겠지만 당신 자신은 형제 자매와 사이좋게 지내고 있을까. 남을 위하여 전력을 다하는 인간일까. 자연을 사랑하고 화초를 상냥하게 지켜보는 섬세함을 가지고 있을까.

참사랑의 기본은 여성에 대한 동경

참다운 사랑이란 비록 생활을 함께 하고 있지 않아도—멀리 떨어져 있어도—살아 있는 한 그 사람을 계속 상기하고 그것으로써 자신이 격려를 받는 심정을 말한다. 물론 결혼에 의하여 두 사람이 결합되고 일상 생활 가운데에서도 두 사람의 관계가 향상되어 높아질 수 있는 그런 상태가 되면 최고이다. 그렇지만 많은 사람들은 이러한 사랑의 형태를 취하지 않는 경우가 있다.

이러한 사랑의 기본을 흐르고 있는 것은 무엇인가. 그것은 여성에 대한 동경이다. 고래로 많은 문학 중에서 불멸이라고 불리우는 문학에 그려진 연애의 대부분은 남성이 여성에게, 여성이 남성에게 어떤 형태로든지 강한 동경을 품고 있는 것

이다. 비록 상대가 귀족의 딸일지라도, 또 창부일지라도, 남자
는 오직 그녀에게 지고한 동경을 계속 가지고 있다.

그런데 지금의 20대들은 어렸을 적부터 남녀가 자연스럽게
어울리는 환경 속에서 성장했다. 그렇기 때문에 조금 크게 되
면 어깨를 나란히 하고 걷고 있어도 아무도 이상하게 보지 않
는다. 현시대에는 남자와 여자가 어린 시절부터 함께 어울려
성장하면서 서로의 성격을 모조리 알고 있기 때문에 이성에의
동경을 상실했다. 이것은 진실한 사랑을 위해서는 극히 불행한
현실이라 아니할 수 없다. 예를 들어, 남녀의 교제가 가장 자
유스런 미국에 순수하고도 농도 짙은 연애를 그린 소설이 나타
나지 않은 것과 마찬가지이다.

진실한 사랑을 가질 수 있는 것은 20대가 마지막이다. 타산
이 없고 사랑이라고 하는 추상을 마음에 느낄 수가 있기 때문
이다. 20대는 실연도 '사랑'이라고 생각되는 최후의 시기이다.
비록 사랑하는 사람이 눈앞에서 사라졌다 하더라도 그 사람과
함께 있던 사이에 자신이 얼마만큼은 사랑하고 또 사랑을 받으
려고 노력했던 것임에는 틀림없다. 그러는 가운데 어느새 그때
까지 없던 인격이 그 사람에 의하여 심어지고 마음을 높이게
되어 갔는가를 생각한다. 그러한 순수함이 떠나가는 연인의 뒷
모습에 영원한 행복을 기도할 수 있는 것도 20대이다.

'좋아하기 때문'이라고 하는 것은 사랑의 계기이며 가장 알
기 쉬운 말이다. 사랑의 형태 중 그 하나이기는 하지만 그것만
으로는 깊이가 너무 얇다. 좋아한다는 것은 같은 정도로 간단
히 싫어지는 데도 통하는 것이다. 유럽에는 '진정 서로 사랑하
고 있는 사람은 많은 사람들 앞에서는 손을 잡고 있는 것이 고
작인 정도의 행동이다.'라고 하는 말이 있다. 요즈음은 사람들

앞임에도 불구하고 마치 연인을 창부처럼 다루며 목을 끌어안은 듯이 걷고 있는 젊은이가 많다. 그것은 서로를 향한 성욕의 돌파구에 불과한 이성교제이다. 보고 있기만 해도 추하게 느껴질 뿐 사랑의 청신함을 느끼게 하지는 않는다.

참다운 사랑이란 순수하게 높은 것이라고 하는 것을 20대에 모르면 일생 동안 사랑이란 뭔가에 대하여 낮은 정도의 생각밖에 갖지 못한다.

❽
여성을 아름다운 존재로 하라

자기 자신을 여자답게
성장시켜 보려고 노력하고 있는 여성은 어딘가에
아름다움을 감추고 있다. 그것을 발견하는 날카로운 감성은,
20대를 두고 다른 세대에는 구할 수 없다.
그 아름다움에 감동을 느낀 남성은
행복하다.

여성을 물끄러미 응시할 것

만일 남자인 당신이 사랑이란 무엇인가에 대하여 알고 싶다면, 가장 쉬운 방법은 여성을 물끄러미 응시하는 것이다.

이 세상에 신이 창조하신 아름다운 존재는 자연과 여성이다. 그러나 차마 응시하지 못할 여성도 많지만, 적어도 당신이 저 사람은, 하고 생각하는 여성은 당신에게 있어서는 아름다운 사람일 것이다. 왜냐하면 사람의 심성 가운데에는, 어느 시대에도, 연애가 지닌 아름다움에의 동경이 흐르고 있는 것은 인간의 극히 자연스러운 감정이기 때문이다.

남자에게 있어서 본래 여성은 이해할 수 없는 존재이다. 특히 사물에 대해 느끼는 법이나 사고 방법에 이르러서는 이것이 같은 인류일까 하고 생각할 만큼 차이가 있다. 인류가 아니라 차라리 남류(男類)와 여류(女類)로 구분하는 편이 좋다고 착각

하는 일도 있다.

그러나 우리들 남자에게는 전혀 없으나 그녀들 여성들에게는 태어나면서부터 갖추어져 있는 것이 모양의 아름다움이다. 저 여자는 형편없다고 누구나가 인정하는 그런 여자에게도 어딘가 하나는 아름다운 포인트가 있다. 비록 얼굴은 시시해도 콧구멍의 모양이 좋다든가, 귀에 혈색이 있다든가, 목덜미가 예쁘다든가, 손가락이 유연하다든가, 웃는 얼굴이 좋다든가 하는 미성에는 반드시 아름다운 데가 있다.

커피를 마실 때의 손모양이 뭐라고 말할 수 없이 요염하거나, 인사하는 허리의 각도가 여자다운 상냥함을 보이고 있거나, 현관에서 구두를 벗은 후 무릎을 꿇고 구두의 방향을 바꾸어 놓을 때의 자세에 여자다움이 흐르고 있거나 한다. 우리들 남자는 여성의 사소한 동작 하나하나에서 깜짝 놀랄 것 같은 아름다움을 느낄 일이다.

20대에 이러한 여성의 아름다움에 희미한 감동을 느끼는 남자는 행복하다. 그는 틀림없이 생애를 통해서 여성의 아름다움에 대한 동경을 갖고 있고 결혼을 해서도 아내나 딸을 소중히 여길 것이다. 반대로 여성의 아름다움에 둔감한 남자는 항상 여성을 괴롭힐 것이 틀림없다. 그리고 그의 마음에는 연애라든가 사랑이라든가는 평생토록 싹이 트지 않고 일생을 끝내버리고 말 것이다.

그러나 지금의 20대에 있어서 불행한 것은 매스컴이 지나치게 발달하여 미녀의 패턴을 어렸을 적부터 보고 있는 것이다. 또 여성들도 패션과 그밖의 것에서 유행하는 패턴 속에 오직 자기를 끼어넣으려고 노력하고 있다. 때문에 사소한 새끼손가락 하나의 움직임이나 말을 듣고 있을 때의 여성 특유의 수긍하는 태도 속에 여성의 아름다움이나 상냥함이 남자에게 감동을 줄 만큼 많이 감추어져 있다는 것을 완전히 잊어버리고 마는 것이다. 그런 연유에서 여성의 진정한 아름다움을 알 기회가 옛날보다 도리어 적어지고 있는 것은 애석한 일이다.

나에게는 형님이 한 분 계실 뿐이다. 어릴 때부터 형과 더불어 놀았고 학창시절에도 여자와는 단 한 마디도 이야기할 기회가 없었다. 혹시 찻집 같은 데서 여성과 단둘이 있게 되면 나는 어떻게 해야 좋을지 몰라 안절부절 못하고, 차라리 도망치는 편이 낫다고까지 생각할 정도였다.

강연회 같은 때는 몇 천 명이나 되는 여성이 있어도 아무렇지도 않다. 또 수많은 여성론에 관한 저서가 있음에도 불구하고 1:1이 되면 어쩔 수 없다. 그 원인은 내가 어렸을 적부터 여자는 아름다운 것이라고 하는 동경이 너무 강하게 작용하고 있어 얼마간 현실과 떨어져 있는 탓인지도 모른다. 여성을 하나의 미의 대상으로 깊이 생각하고 있기 때문이다. 아마 여성 자신들은 이 말이 간지러울 것이라고 생각한다. 그러나 여성은 항상 아름다워야 한다는 나의 관념이 여성에 대한 엄격한 요구가 되어 나타나고, 그것은 여성이 자기 자신을 높이게끔 하는 자극제가 되는 것이 아닌가 하고 나는 멋대로 생각하고 있다.

감추어진 아름다움을 발견할 것

여성을 이러한 미적 존재로 할 수 있는 것은 20대가 최후인 것 같은 생각이 든다. 30대 이후가 되면 같은 시기의 여성이 매우 현실적인 존재로 돼버리고, 베일에 싸인 것 같은 미적인 부분이 차츰 적어진다. 그것은 어머니로서의 감동을 전해 주기는 하지만 이와는 달리 여성으로서의 미적 심정이 희박해져 버리기 때문이다.

그러나 그런 연령의 여성을 보아도 역시 여성에게는 여성으로서의 아름다움이 있다고 느껴지는 남자는 행복하다. 그 마음은 여성에 대한 상냥함으로 되어 자연히 나타나게 될 것이기 때문이다.

남자가 여성에게 베푸는 상냥함에는 몇 가지가 있다. 그 하나는 남성적인 용기에서 여성을 기사적(騎士的)으로 비호하려고 하는 서양식의 상냥함이다. 또 여성의 아름다움을 두 손으로 가만히 감싸주려고 하는 상냥함도 있으며, 극단적인 경우에는 여성을 벌레처럼 무시하는 만용이 도리어 여성으로부터는 사내다운 상냥함이라는 것으로 왜곡되어 도착적(倒錯的)으로 받아들여지는 일까지 있다. 그 중에서도 역시 여성을 아름다운 존재로서 그 일거수 일투족 즉, 눈을 깜박거리는 것 하나, 희미한 미소 중에도 여자다운 아름다움을 느껴가는 상냥함을 몸에 익혀가는 것이 가장 일상적이며 무리하지 않는 미적 감수성은 아닐까.

무슨 일이든 모두가 다 그렇지만, 그렇다고 믿고 무엇을 보고 있으면 전부가 그런 것같이 보이는 것은 신기하다. 여성이란 아름다운 존재라고 생각하고 보면 역시 아름답다. 레스토랑에서 웨이트레스가 식사를 테이블 위에 놓는 동작을 보아도 여성이란 유연하며 상냥한 존재라고 느끼기도 하는 것이다.

그러는 반면 그것이 배신당했을 때의 실망은 크다. 몰상식하고 무교양한 여성은 남성을 슬프게 한다. 그러한 여성은 무시해도 좋다. 교양 제로라고 하는 여성은 별도지만 적어도 자기를 여자답게 성장시키려고 노력하고 있는 여성은 여기에 아름다움을 감추고 있다. 그것을 발견하는 날카로운 감성은 20대 밖의 다른 세대에는 구할 수가 없다. 여성을 미적 존재라고 생각할 수 있는 사람은 일생을 즐겁게 보내는 남자다.

❾
사랑의 문은 스스로 두드려라

20대의 사랑은
고통스런 기간이 길수록
좋은 결과를 얻을 수 있다고 해도 좋을 것이다.
사랑은 반드시 결혼에 직결된다고는 할 수 없다.
그러나 30대, 40대가 되어도 그 사람의 면모를 추억할 때에
요원한 청춘시절을 상기할 수가 있다면,
그것이 자신을 자라게 한 진정한
사랑이다.

중요한 것은 기르는 것

이성을 사랑하고 싶다. 그리고 사랑을 받고 싶다고 원하는 것은 20대의 유별난 심정이다. 그 방향은 한 이성에게 향해 가려고 하는 만큼 20대의 사랑은 순수한 것이다.

그러나 내가 20대 때에는 여성과 말하는 것은 일종의 창피한 느낌이 있어 정도 이상의 거리를 두었다. 그런데 지금의 20대는 대화가 자유이며, 때로는 여성 쪽에서 먼저 말을 걸어오는 일도 보편화되었다. 내가 20대였던 때의 사정으로는 믿을 수 없는 현상이다.

그러므로 지금의 20대들은 여성이 사물에 대해 생각하는 방법을 어렸을 적부터 상당히 잘 이해하고 있을 것이다. 곧 친근해지는 것이 가능한 것으로 보고 있다. 그러나 이것은 사랑과는 오히려 반대 방향이라고 말해도 결코 틀린 말은 아닐 것

이다. 예를 들면 발명, 발견에 관한 이야기가 실린 책을 보고 있노라면 흥분을 느끼게 된다. 그 단서가 되는 것은 어느 것이나 미지의 것을 처음으로 알고 놀란 데에 있다. 이것이 계기가 되어 발명, 발견자는 그때까지의 인류의 모범이나 문화를 바꾸어 놓은 일을 했던 것이다.

즉 인간은 알고 있는 것에는 감동하지 않는다. 그것은 이미 뇌세포 속에 입력되어 있고, 뇌세포는 입력된 것을 지적인 처리를 해버리는 것이다.

그것은 사랑에 대해서도 마찬가지이다. 너무 잘 알고 있는 남녀 사이에서는 사랑이 이뤄지는 경우가 적다. 그것은 신비한 부분이 어느새 각자에게 소화되어 버렸기 때문이다. 그래서 인간적인 신뢰는 가능하지만 도취는 지극히 어렵다.

모르기 때문에 어떻게든 이해하려고 하는 것이고, 또 거기에서 사랑이 싹트는 것이다. 상대를 사랑하고 싶다고 생각한다. 그러나 자기는 상대의 사랑을 믿기에는 퍽이나 먼 존재다. 그래서 편지를 쓰거나, 만나서 이야기할 시간을 열심히 만든다. 만나고 있는 사이에 조금은 자기의 사고 방법이나 성격을 알아 주었을 것이다 하고 생각하지만 헤어져서 혼자 있게 되면 오늘의 노력은 모두 허사가 된 것같이 느껴진다. 그래서 혼자서 고뇌하고 다시 만나서 이야기한다. 그리고 또다시 고뇌하는 이런 반복 속에 사랑이 자라간다.

중요한 것은 사랑을 키워가는 것이다. 키워가기 위해서는 씨를 뿌리고 열매를 딸 때까지와 같이 긴 시간이 걸리는 것이다. 20대의 좋은 점은 이렇게 키워가기 위한 긴 시간을 가지고 있다는 것이다. 사랑은 그 싹이 나게 한 것과 동시에 잃는 것도 시작하고 있는 것이 아닌가 하는 불안이 끊임없이 따라붙어다니는 것이다.

'내일이라도 연인이 눈앞에서 떠나 다른 사람의 가슴에 안겨 버린다면…….'

이런 염려가 하루 종일 머리 속을 지배하고 있는 것이 사랑을 알아가고 있는 인간의 괴로운 모습이다.

만일 내가 괴로워하고 있는 마음만큼 상대도 괴로워하고 있어 준다면 좋지만, 인간의 이해는 그리 간단히 같은 분량으로 진행한다고는 볼 수 없다. 자기가 이만큼 고뇌하고 있는데 상대는 데이트 시간도 지키지 않는다. 이야기를 하고 있어도 별로 즐거워하지도 않는 것 등, 연애의 스릴은 언제나 이러한 사람의 부등량(不等量)에 기인하는 것이다.

성급함은 사랑을 깬다

남자와 여자는 관심을 갖는 문제도 결정적으로 질이 다르며, 설사 같다고 하더라도 표현이 전혀 다른 경우가 많다. 요즈음 20대들은 남자도 잘 지껄이는 경향이 있다. 그리고 애정 표현이 대범하다. '사랑한다'라는 말을 뒷집 개이름 부르듯 쉽게 내뱉는다. 그러나 사랑은 쉽고도 쉽게 표현될 성질의 감정은 결코 아니다.

남자의 여성에 대한 본능은 자칫하면 충동적이 되기 쉽다. 사랑에 있어서 중요하게 마음을 하나씩 쌓아올려가는 것을 껑충 뛰어넘어 단숨에 결론으로 몰고 가려고 하는 경우가 있다. 이것은 정복자가 되려고 하는 수컷의 본능이다.

상대 여성이 교양이 낮은 경우에는 이래도 좋을지 모르지만, 적어도 온전한 아가씨라면 대개의 사랑은 여기서 끝장이 난다.

단기간의 연애가 결혼을 계기로 간단히 깨지는 원인의 하나가 여기에 있다.

비교하여 표현하면 20대의 사랑은 고통스런 기간이 길수록 좋은 결과를 얻을 수 있다고 말해도 좋을 것이다. 사랑은 반드시 결혼이라고 하는 열매를 맺는다고는 할 수 없다. 그러나 30대, 40대가 되어도 그 사람의 면모를 추억할 때에 요원한 청춘 시절을 상기할 수가 있다면 그 상대에게 향한 사랑은 언제까지나 마음속에 계속 남아 있다. 그것이 자기를 자라게 한 참다운 사랑이다.

그러나 신은 인간을 어느 부분에서는 평등하지 않게 만들고 있다. 같은 20대이면서 사랑의 대상이 되는 여성을 주는 사람과 주지 않는 사람을 만들고 있다. 솔직한 표현을 한다면 여자에게 전혀 인기가 없는 남자는 사랑을 어떻게 하느냐 하는 것이다.

사실을 말하면 나도 그랬었다. 그런데 30대, 40대가 되어 여러 가지 기회에 옛친구를 만나면, 내가 전혀 모르는 곳에서 나를 좋아했던 호기심이 많은 여성의 이야기가 슬쩍 나오기도 한다. '만일 이런 일을 20대에 알았다면 그 여성과 이야기할 수도 있었을 것을' 하고 이제 와서 분하게 생각되기도 한다. 그러나 그 사람은 어쩌면 행복한 유부녀가 되어 있을 지도 모르는 것이므로 이야기를 다시 들고 나설 필요도 없다.

나의 자만을 용서해 준다면, 그녀가 나를 생각하고 있는 동안 즐거움이나 괴로움을 겪었다면 나는 비록 사소한 것이지만 그녀에게 청춘의 추억을 하나 준 것이 된다. 그것을 지금 그녀가 어떻게 헤아리고 있는지 나로서는 모른다. 그렇지만 인기도 없는 나 같은 남자가 짝사랑의 대상이 되었을지라도, 아름답다

고 생각했던 사람을 희미하게나마 생각해서는 안 된다는 법은
없는 것이다.

"두드려라 그러면 열린다."와 같다. 두드리지 않으면 사랑의
문은 영원히 열리지 않는 것이다.

❿

만남은 즉 사랑이다

우연히 만나는 것을
사랑이라고 생각한다. 애인간이나 부부 등은
그 중에서 가장 으뜸가는 우연한 만남일 것이다.
그리고 20대는 이 최고의 만남을 갖는
오직 한 번의 시기이다.

나의 인스피레이션 결혼

사람은 언제나 "잘 가세요!" 하고 작별하는 인사말만 하고 살고 있다. 당신만 하더라도 유치원 때부터 시작하여 국민학교 등 오늘날까지 몇 명이나 되는 친구들과 함께 살아왔을까. 그러나 그 중에서 지금도 사이좋게 교제하고 있는 사람은 과연 몇 사람이 될까. 아마 불과 몇 사람일 것이다. 그밖의 사람은 모두 헤어졌다. 잘 가라고 말했던 것이다.

그런데 한편에서는 매일처럼 각양각색의 새로운 사람들과 우연히 만난다. 그러나 인간은 그 개개인에게 골고루 깊이 애정을 가질 수는 없다. 지나가는 인사 한 마디로 끝나는 사람의 수효가 훨씬 많다.

그러나 그 중에서 강한 인상을 주는 사람이 있다. 그것이 남자와 여자의 교제라면 마침내 애인이 되어 갈 것이다. 생각해 보면 모든 인간관계는 우연한 만남으로 성립되고 있다. 부모 형제 자매, 교사, 친구 그리고 이웃 사람들과도 모두가 그렇다. 그리고 인간은 그 사람들과 부모 자식간의 애정, 형제애, 이웃간의 사랑이라고 불리워지는 온갖 사랑의 모양 속에서 살고 있는 것이다.

이렇게 보면 우연한 만남을 사랑이라는 말밖에 달리 표현할 도리가 없다. 애인이나 부부는 그중의 가장 으뜸가는 우연한 만남일 것이다. 그리고 20대는 이 최고의 우연한 만남을 가진 인생이며 오직 한 번의 시기인 것이다. 그런데 곤란한 것은 20대는, 10대만큼은 아니지만 이와 같은 온갖 사랑의 형태를 속박이라고 느껴버리는 시기이다. 부모는 성가시고 형제는 괴롭힌다. 그리고 친척이나 이웃은 귀찮은 존재라고 생각하기도 한다. 이런 속박을 벗어나지 않는 한 자유는 없다고 생각한다.

확실히 한번 연애에 빠지면 이 세상은 오직 두 사람만의 것인 것처럼 느낀다. 두 사람만의 사랑의 속삭임이 두 사람만의 세계를 만들어준다. 그것이 연애의 최고 즐거움이기도 하다.

사랑은 특히 때로는 고독하다. 애인과 헤어지는 쓸쓸함은 그 무엇보다도 더 쓸쓸한 것이다. 고독을 이기는 것은 인간으로서 필요한 수양이며, 고독을 모르는 사내는 가엾지만, 고독을 연애라고 하는 즐거움이 가르쳐 준다는 것도 인간의 신기함이다.

나는 지금도 그렇지만 잘 가라고 말하면 절대로 뒤돌아보지 않는다. 이것은 20대부터 그랬다. 뒤돌아보면 미련이 남아 더 쓸쓸해지기 때문이다. 그보다도 혼자서만 쓸쓸함을 꾹 참고 보도에서 울리는 자신의 구둣소리라도 듣는 편이 낫다.

그러나 한번 뒤돌아본 일이 있다. 역시 20대였다. 한낮에 번화가를 걷고 있는데 앞에서 아가씨 한 사람이 걸어오고 있었다. 기묘한 일인데 순간 나는 '어쩌면 이 여자와 결혼할지도 모르겠는데!' 하는 이상한 예감이 들었다. 물론 나는 그때까지 결혼의 결자도 머리 속에 없었는데 웬일인지 갑자기 결혼이란 두 글자가 문득 떠올랐던 것이다.

그리고 몇 걸음 스쳐지나간 지점에서 나는 그때까지의 나 자신을 배반하고 무의식중에 뒤돌아보고 말았다. 그러자 그 아가씨도 역시 뒤돌아보았다. 일순간 서로의 눈이 마주쳤다. 그 동작만으로 모든 것이 시작되고 또 모든 것이 끝났다. 그 아가씨가 우리집사람이다. 신문이나 잡지의 기자들로부터 집사람과 결혼한 동기에 대하여 질문을 받는데 나는 언제나 인스피레이션 결혼이라고 대답한다. 기자는 눈을 동그랗게 뜨고 무슨 말을 하는지 도통 모르겠다는 표정을 하지만 그것이 정직한 이야기이므로 어쩔 수가 없다. 그것이 우리들의 만남인 것이다.

만남을 소중히 해야 할 시기

일생에 한 번이라고 말할 정도로 엄격한 것은 아닐지라도 만남은 소중히 하는 편이 좋다. 때로는 악인들과 만나는 일도 있다. 그러나 당신이 좋은 인간이라면 만나는 사람도 또 좋은 사람이다. 자기에게 자신을 가져라.

20대의 어느 날, 나는 센다이(仙台) 역에서 상행열차를 타려고 플랫폼을 걷고 있었다. 마침 한 친구가 국민학교 교사로 부임하는 여자 친구를 배웅하고 있었다. 그녀는 하행열차의 창문 밖으로 얼굴을 내밀고 배웅나온 사람들과 헤어짐을 서운해 하고 있었다. 이윽고 발차의 벨이 울렸다. 그때 내 친구가 나를 불러 그녀에게 나에 대해서 소개했다. 열차는 덜거덩거리며 움직이기 시작했다. 그녀는 미처 자기를 소개할 여유도 없었기 때문에 손을 내밀고 내게 악수를 청했다. 나는 어쩔 수 없이 악수를 했다. 세월이 얼마 동안 지난 후 내게 이름도 모르는 여성으로부터 편지가 왔다. 봉투를 뜯고 읽어보자 그때 센다이 역에서 악수를 나눈 여성이 보낸 것이었다. 그 편지에는 그날 많은 사람들과 헤어졌지만 웬지 악수를 한 당신 손의 온기와 상냥함을 잊을 수가 없어 친구에게 당신의 주소를 물어 이렇게 편지를 썼노라고 써 있었다.

나는 만남의 무서움을 느꼈다. 만일 내가 장문의 답장을 쓰고 두 사람 사이에 교신이 시작되어 사랑이 싹텄다면 어떠했을까? 그 가능성은 없지 않았을 것이다. 그러나 나는 간단한 엽서로 답례장을 썼을 뿐이었다. 그로부터 25년이 지난 어느 날 내가 도쿄에서 열린 어떤 한 강연회에 갔을 때 무대 뒤로 이분이 찾아와주었다. 이미 두 아이의 어머니였다. 나는 그때를 시한으로 완전히 잊고 있었는데, 단 한 번의 악수가 그녀에게 깊은 인상을 심어주었던 것이다. 그녀는 나를 잊지 않았다. 나는 깊이 나의 비례(非禮)를 사과했다.

20대의 청춘기이기에 그런 만남을 할 수 있었던 것이다. 20대란 그렇게까지 감수성이 풍부한 시기이다. 30대란 말을 들으면 이런 순수한 만남에는 재회하지 않게 된다. 직업상의 타산 등이 결부한 만남만이 많아지고 결코 사랑이 싹트는 일은 없다.

20대는 만남을 소중히 할 시기이다.

제 2 장

20대에
해두어야 할 일

✳

편안하게 살려고 생각하는 것은
젊은이로서 가장 수치스러운 태도이다.
자기 속에 내재하고 있는 가능성의 실현을 위해
어떠한 고난과도 당당히 맞서서 극복할 때
진정한 청춘의 가치가 있다.

⑪
인사성 있는 인간이 되라

인사는
인간성의 기본이다. 마음을 활짝 열고
상대에게 가까워지는 것이 인사다.
서로의 마음을 여는 것이다.

인사를 제대로 할 수 있어야 비로소
제몫을 하는 인간이다

인간(人間)이란 사람과 사람의 사이라고 여러 곳에 많이 쓰여
있다.

그 사이에 있는 것이 마음이라고 한다. 인간이 모두 마음과
마음을 연결하고 사는 것은 당연하다. 흔히들 '저 사람은 마음
이 넓다' 아니면 '마음이 좁다'라고 표현을 한다. 그 표현대로
라면 마음에는 넓이가 있는 모양이다. '저 사람은 마음이
크다', '마음이 작다'라는 말을 들으면 마음에도 크기가 있는
모양이다. '저 사람은 마음이 비단결처럼 곱다', '마음이 거
칠다', '저 사람은 마음이 밝다', '마음이 어둡다' 하기도 하니
양감이나 명암이 있기도 하는 모양이다.

그러나 마음이란 형태가 없다. 만질 수도 없고 눈으로 확인
해 볼 수도 없다. 누군가 우리에게 "마음이 어디에 어떤 형태

로 존재하는지 내놓아 보시오!"라고 말하면, 당장 대답이 궁해져 버린다.

여기에서 철학이 출발했다. 그렇기 때문에 우리들이 늘 생각하는 마음이라는 것은 어렵게 생각할 필요는 없다. 우리들이 생활하는 가운데 타인에 대해서 무의식중에 보이는 행위, 혹은 습관 같은 것이 마음을 엿볼 수 있게 한다.

인사를 한다는 것은 마음을 열고 상대편에게 접근한다는 뜻이다. 또 인사를 받으면 반드시 답례를 해야 한다.

더군다나 거리를 걷고 있으면 스쳐지나가는 사람의 얼굴도 미처 알아보지도 못한 채 "아, 아무개 씨!" 하는 소리를 들으면 순간적으로 대개의 사람은 반사적으로 고개가 꾸벅 숙여진다. 따라서 나도 하루 중에 보통 사람의 아마 몇 십 배나 되는 횟수의 머리를 숙이지 않으면 안 된다. 그런데 나는 이것이 고통스럽지가 않다. 왜냐하면 나는 이미 10대 종반에 인사하는 버릇이 몸에 익혀졌고, 20대부터 이것을 정확하게 실행했기 때문이다. 인사하는 것만은 뛰어나다.

인사의 중요성을 가르쳐 준 것은 국민학교를 다닐 때 6년간을 계속 담임해 주신 기무라 다미오(木村民雄) 선생이었다. 도쿄의 번화가에서 출생하여 자라난 나 자신도 그랬지만 급우들은 대부분 장사꾼의 아들들이었다. 기무라 선생은 "너희들은 크면 좋은 상인이 되야 한다. 그러기 위해서는 인사를 정중하게 하는 것이 가장 중요하다."고 말씀하시고 수업을 시작하기 전에 '일어서', '경례', '앉어' 하는 때의 인사는 "깊이 머리를 숙여라, 깊이 머리를 숙여!" 하고 입이 닳도록 가르침을 받던 것이다.

나는 16세 때에 히로마에(弘前) 고교에 들어가 기숙사 생활을

3년간 했는데, 그때 나는 줄곧 600명 학생의 대표인 위원장을 지냈다. 물심양면의 모든 부분에 있어 대표였으므로 기숙사 학생의 존경을 모으도록 행동하지 않으면 안 되었다. 그래서 최상급인 3학년이 되었을 때도 하급생이 복도나 길에서 엇갈릴 때에 내게 인사하면 나는 그 이상으로 깊이 머리를 숙였었다.

기숙사에서 가장 어른인 위원장이므로 가볍게 답례해도 좋았을지 모르지만, 아무튼 국민학교 때부터의 습관이 몸에 배어 있었고, 게다가 가슴을 쫙 펴고 뽐내는 태도를 취하는 것도 좋아하지 않았다.

그것이 사회생활을 하는 데 도움이 되었다. 자연히 정중하게 머리를 숙임으로써 처음으로 대하는 사람도 비교적 호감을 가져주는 것 같았다. 나 자신은 별로 인상이 좋은 사람이 아니다. 마이크로폰 앞 이외에서는 평소에 별로 지껄이지 않기 때문에 아무리 좋게 보아도 교제성이 좋은 편은 아닌 것이다. 그런데도 남에게 나쁜 인상을 주지 않은 것은 아무래도 이 인사성에 있는 것 같다. 인사는 예절의 기본이다. 온갖 인간관계 중에서도 가장 중요한 것은 서로에게 마음을 열고 있는 것이다. "자, 어서 내 안에 들어오시오. 나는 당신의 마음속에 들어가겠습니다." 하고 마음을 열어주는 것이 아니라면 어떤 인간관계도 성립되어 가지 않는 것이다.

이러한 마음은 청춘의 순수하고 자유스런 마음의 상태에 있는 20대에 확립해 두지 않으면 안 된다. 20대란 온갖 가능성이 싹트고 있는 때지만 그 중에서도 인간의 기본이 되는 가능성은 성립시켜 주지 않으면 절대로 안 되는 것이다.

인사성 있는 인간은 인정을 받는다

영국의 속담에 '인사성이 바른 것은 사람을 꾸미고 더욱이 돈이 들지 않는다'라고 했다. 또한 오스트리아의 시인이자 극작가인 호프만슈탈은 이런 말을 남겼다.

"타인과의 교제에 있어서 예의범절을 엄수하는 사람은 이자로 살아가지만, 그것을 무시하는 사람은 원금에 손을 댄다."

이상의 말은 매우 의미심장한 말이다. 사람이 인사를 하는 데는 돈이 들지 않는다. 그렇지만 많은 것을 얻게 한다. 또한 인사는 최초에 서로의 마음을 여는 커뮤니케이션이다.

잠시 책 읽는 것을 중단하고 생각해 보라. 당신의 주변에서 당신의 마음을 밝게 해주는 사람은 어떤 유형의 사람인가를 말이다. 모르기는 해도 아마 예절을 알고 인사성이 밝은 사람일 것이다.

예컨대 사람을 만난다.

"건강하십니까?"

하고 말을 걸면,

"네, 덕택에……."

라는 대답이 돌아온다.

이 '덕택'에는 어떤 뜻이 있을까? 그것은 "당신의 그늘 밑에서 살고 있습니다."라는 말이다. 다시 말해서, "당신의 지혜와 당신의 자비를 받아서 살아가고 있습니다."라는 뜻이다.

우리 동양 사람들은 여러 가지 '덕택'으로 살고 있다. '당신의 덕택입니다', '아버지의 덕택입니다', '어머니의 덕택입니다'라고 덕택의 사상으로 살아온 부분이 있는 것이다.

상인도 그렇다. 옛날 상점에 점원으로 들어가면, 우선 철저하게 훈련받는 것은 손님에게 머리를 숙이는 일이다. 감사의 뜻을 나타내는 것이니까 결코 상대방보다 먼저 고개를 들지 않는다. 어떻게 하면 인사 후 상대방보다 먼저 고개를 들지 않을 수 있을까? 그리고 손님을 소중히 여기고 좋은 인상을 주도록 할 수 있을까를 점원에게 열심히 훈련시켰던 것이다.

그런데 요즈음 젊은 사람들은 인사하는 것이 매우 서툴다. 숫제 인사를 하지 않는 것이 예사이고, 인사를 하더라도 고개만 조금 끄덕하는 것으로 끝이다.

그렇기 때문에 고개를 금방 올려버려 상대하고 타이밍이 맞지 않아 미안할 때가 있다.

방에 앉아서 하는 절도 마찬가지이다. 무릎을 꿇고 머리를 숙이니까 자연 손이 방바닥 위에 놓인다. 그것을 방바닥에 손을 대는 것이 절인 줄 알고 있는 사람이 있다. 인사 예절을 모르는 무지의 소치라고 표현할 수밖에 없다.

아름다운 절이란 정중하게 숙인 머리를 되도록 천천히 올리는 것이다. 마음을 차분히 하고 상대방의 움직임을 느끼면서 천천히 올리는 것이다.

인사란 생각해 보면 실로 사소한 일일지도 모른다.

그러나 인간의 삶이라는 것은 아무도 거들떠 보지도 않는 평범한 일들이 쌓이고 쌓여 이루어지고 있는 것이다. 단 한 번의 인사를 게을리한 것이 두세 번이 되고 어느새 그것이 습관화되어 간다.

왜 인사를 안하게 되었을까? 생각해 볼 필요가 있다.

⑫

남을 위해 전력을 다하라

인간으로서 중요한 것은
남을 위해 열심히 봉사한다는 것이다.
봉사라고 하면 곧 특별한 일을 하지 않으면
안 된다고 하는 착각을 하는데,
반대로 자기가
해야 할 일을 제대로 하는
그 속에 존재한다.

세상에서 가장 아름다운 말

인간은 서로 협심해서 살아간다.

그 마음을 모으는 최고, 최선의 수단을 우리는 그 나라의 가장 아름다운 말에서 알아볼 수 있다. 세계 어느 나라에서나 공통적으로 아름다운 말은 "고맙습니다."라는 말이라고 나는 생각하고 있다.

직장에서도 가정에서도 이 말을 자주 주고받고 있다면, 그 집단의 인간관계는 반드시 훌륭하다고 생각해도 틀림없을 것이다. '고맙다'는 단어만큼 아름다운 의미를 내포하고 있는 말도 흔치 않다. 다른 사람이 나에게 친절을 베풀었을 때, 나를 유익하게 했을 때 나는 이 말을 사용하게 된다. 다른 사람도 마찬가지이다. 내가 그에게 무엇인가 도움을 주었을 때 그는 나에게 고맙다는 인사를 한다.

이렇듯 "고맙다."는 말 속에는 이타주의(利他主義)의 정신이 스며 있다. 기독교의 인인애(隣人愛)와 같이, 남의 복지 증가를 행위의 목적으로 하는 생각이나 행위가 바로 이타주의인 것이다. 사람은 절대로 다른 사람의 도움없이는 살아갈 수 없다. 다른 사람이 있기에 내가 있고, 내가 있기에 다른 사람은 존재할 수 있는 것이다. 그렇기 때문에 상부상조의 정신이 반드시 필요하다.

그런데 지금은 남이야 어떻게 되든지 말든지 나만 잘되면 아무래도 괜찮다는 이기주의가 팽배해 있다. 이 사고야말로 사회를 어둡게 함과 동시에 인간의 정신을 좀먹게 하는 죄악적 사고라 아니할 수 없다.

우리는 나 자신이 소중한 것처럼 타인의 존재도 소중히 생각해야 한다. 그것이 참된 인간의 도리이다. 다음에 소개하는 글은 내가 오래전에 어느 잡지에 실은 문장인데, 지금 중학교 2학년 도덕 교과서에 실려 있다. 때때로 이것을 공부한 중학생으로부터 감상문이 오기도 하는데, 그것은 한 노인과 청년이 직접 나에게 알려준 타인을 위하는 적극적인 선(善)에 대한 이야기이다.

280엔의 산 보람

"스스끼 씨, 어디든 안경점에 데려다 주세요. 고베의 집을 나설 때 돋보기를 잊고 그냥 나왔습니다. 어차피 새것으로 바꾸려고 했으니 이번 기회에……."

나는 가까운 빌딩 1층에 있는 안경점으로 노인과 같이 같습니다. 안경이 다 되어 그 노인이 돈을 지불하려 하자 280엔의

잔돈이 붙여졌습니다.

"미안합니다. 2만엔으로 하고, 이 280엔은 깎아 주실 수 없으시겠어요?"

노인은 서슴지 않고 값을 깎았습니다. '과연 물건 흥정이 능숙한 간사한 지방 사람이군.' 하고 나는 속으로 감탄했습니다.

젊은 점원은 잠시 생각하는 척하더니 결국 에누리를 해주었던 것입니다. 그러자 이 작달막하고 몸집이 토실토실한 노인은 주머니에서 수첩을 꺼내더니,

"고맙군요. 한 가지 부탁이 있는데 당신의 이름과 주소를 알려주세요."

하고 말했습니다.

나는 뭘 하는 것일까 하고 생각했습니다. 점원이 써주자 노인은 공손히 머리를 숙이고 가게를 나왔습니다. 며칠 후 이 근처에서 식사를 하고 있는데,

"식사하시는데 죄송합니다만……."

하고 뒤에서 말을 건네는 소리가 들렸습니다. 뒤돌아보니 그 안경점의 점원이었습니다. 나와 얼굴이 마주치는 순간 청년의 눈에는 눈물이 글썽이는 것이었습니다.

"저는 생전 처음으로 돈을 기부하였습니다. 고맙습니다."

"아니, 무슨 말씀입니까?"

"네, 실은 저번에 같이 오신 손님이라고 생각됩니다만은 280엔을 깎아드린……."

나는 청년의 얼굴을 한참 동안 들여다본 후에 숨을 멈추고 일어섰습니다. 그 노인이 이름과 주소를 물어본 이유를 비로소 알게 되었습니다. 사실은 2만 280엔을 내야 했지만 그것을 점원은 깎아주었습니다. 노인은 이득을 보았으나, 그것을 자기

것으로 하지 않고 이 청년의 이름으로 사회복지 시설에 기부를 하고 그 영수증을 청년 앞으로 보내주었던 것입니다. 그는 손에 편지를 꼭 쥐고 있었습니다.

"이것입니다."

그가 보여준 작은 메모지에 적힌 280엔이란 숫자는 몇 만엔 아니면 몇 억엔과도 같이 보였습니다.

"잘됐군요, 정말 잘되었군요."

"네."

"고맙습니다."

나는 머리를 숙였습니다. 그 노인의 배려에 머리를 숙여야 할 사람은 바로 나였습니다.

그후부터 그 안경점 앞을 지날 때마다 일하고 있는 그의 모습을 쳐다보았으나, 그 사건을 계기로 별로 달라진 모습도 없이 유행하는 옷에 폭이 넓은 넥타이를 매고 머리를 짧게 자른, 흔히 볼 수 있는 젊은이의 모습 그대로였습니다. 그 사건을 계기로 짬을 내서 사회봉사라도 나서자 하는 태도는 조금도 보이질 않았습니다.

자기가 어떻게 살아가야 하는가는 타인의 아름다운 행동이나 행위가 계기가 된다는 것은 극히 드문 일입니다. 그만큼이나 눈물을 글썽이던 것도 그저 그때뿐인 단편 드라마와 같은 것이었다고 나는 생각하였습니다.

그것에 비해 저 노인은 얼마나 훌륭한 마음씨의 소유자였습니까? 280엔을 깎았으나 그 돈은 자기의 것도 아니며, 안경점에도 소용이 안 되는 돈이니까 그것을 불쌍한 사람에게 보내준 것입니다.

그것은 결코 즉석에서 일어나는 충동만으로 되는 것은 아닙니다. 언제나 불행한 사람들의 마음을 자기 마음처럼 생각하지 않고서는 안 되는 것입니다. 그 윤기 있는 얼굴, 70세가 넘었어도 흐려 있지 않고 반짝이는 눈, 거기에는 건강해서만이 아니라 육체 이상으로 정신이나 용기, 상냥함이 넘쳐흐르지 않으면 안 되는 일입니다.

청년의 사회봉사에 대한 무관심은 어떻게 하든 노인을 따라 잡으려고 하는 나에게 한층 더 조바심을 느끼게 하였습니다. 남이 그렇게 하니까 나도 그리 해보자는, 남의 힘에 의존하는 것이 아니고, 어떻게 살아야 하는가 라는 가까운 자신의 장래에 대한 차분한 예견을 자기 속에서 발견하는 것을 우리들은 삶의 보람이라고 합니다. 그 노인에게는 무리를 하지 않고 자기 소신대로 가능한 범위 안에서 자기가 살아가려고 하는 목표의 하나인 복지에 관해 착실하게 도달하는 방법이 마음속에 그려져 있었던 것입니다. 그러나 나에게나, 청년에게는 그것이 없었던 것입니다.

이 일이 있고 얼마 지나지 않은 어느 여름날, 저녁 땅거미가 빌딩가에 스며들고 있을 때, 청년이 아마도 일을 마쳤는지 집으로 돌아가려고 나의 앞을 걸어가는 것을 보았습니다. 그런데 보도 옆에 자동차 한 대가 고장으로 멈춰서 있었습니다. 운전하고 있던 사람은 중년 여성이었습니다. 운전을 할 수 있어도 기계에 대해서는 서툴다는 여성의 공통된 약점을 가지고 있었던 모양인지 어쩔 줄 몰라 하며 머뭇거리는 표정이었습니다. 청년은 그 모습을 보고 잠시 멈춰서더니 다시 종종 걸음으로 지하철 입구로 걸어갔습니다. 차에 아무런 관심이 없는 나도 그곳을 지나쳐 갔습니다. 그리고 지하철 입구에 이르러 그 청년은 어디로 갔을까 하고 위에서 내려다보았을 때 그가 계단을 다시 뛰어올라오는 모습이 눈에 띄었습니다. 당황스럽고 어색한 순간이어서 나는 황급히 가로수 뒤에 숨었습니다. 그는 뛰어올라오자 곧장 고장난 자동차로 다가갔습니다. 웃옷을 벗자 가로등을 의지하고 일을 시작하는 것이었습니다. 여자를 차 안에 들어가 있게 하고 때때로 엔진을 걸도록 시켰습니다. 5분, 10분, 시간이 지나고 땀방울이 맺혀 흐르기 시작했습니다. 땀만이 아니었습니다. 때마침 비가 한두 방울 내렸습니다. 나는 언제나 가방 속에 접는 우산을 가지고 다녔습니다. 나는 급히 그의 뒤로 가서 우산을 펴들었습니다.

"아아, 오랜만입니다."

"잘 되겠소?"

"네에, 수리를 부탁할 만큼 큰 고장은 아닙니다. 곧 다 고쳐 갑니다."

그는 웃는 얼굴로 다시 수십 분간 계속 일을 했습니다. 드디어 엔진은 걸리고 여자는 몇 번씩 고맙다는 인사를 남긴 다음 차를 몰고 떠났습니다.

"자동차를 좋아하죠?"

"네, 안경 다음으로요, 핫핫핫!"

"어디로 가시는 길이오?"

"네, 친구와 만날 일이 있어서요. 좀 늦었는걸요."

"치마 입은 친구겠죠?"

"아니오, 바지입니다."

그리고 그가 행선지를 알려주었을 때 나는 크게 머리를 한 대 얻어 맞은 기분이었습니다. 그것은 나도 알고 있던 중증 심신장애자를 위한 복지시설이었던 것입니다. 그는 봉사를 하러 가는 길이었습니다. 그것도 벌써 5년씩이나 다니고 있었다는 것입니다.

"그럼, 잘 가시오."

나는 어쩐지 그와 빨리 헤어지고 싶었습니다. 미안하고, 죄스러운 마음이 머리 가득히 번져갔으며, 머릿속에서는 바보, 병신이라고 자꾸만 나를 주먹질하고 있었습니다.

나는 대단히 착각을 했던 것입니다. 만약 그것이 갑자기 일어난 일이라면 그저 수줍어 하거나 무엇에 홀린 기분이었을 것입니다.

삶의 보람을 스스로 발견할 수 있었기 때문에 280엔에서도 보다 큰 마음의 시주를 느끼게 되었던 것입니다. 삶의 보람이란 자기 스스로 시작하는 것이라고 하는 당연한 사실을 새삼 느끼고 배우게 되었던 것입니다.

남에게 봉사할 마음을 가지고 있는가

골프를 친다, 차를 탄다, 해외여행에 나간다 등등 이런 것은 어느 것이나 모두 즐거움이다. 인간으로서 필요한 것은 비록 명주실처럼 가늘어도 좋으니 자신이 어디선가 사회와 강하게 결합하고 있다는 것이다. 이것을 인간은 사는 보람이라고 불러왔다.

물론 우리들 일상생활에서는 항상 국가와 사회에 대해 직접적으로 전심 전력을 다할 수 있는 것은 아니다. 그러나 인간에게 있어서 중요한 것은 남을 위해 열심히 봉사한다는 것이다.

봉사라고 하면 우리는 곧 특별한 일을 하지 않으면 안 된다고 하는 착각을 하는 경우가 많다. 그러나 봉사란 반대로 자기가 해야 할 일을 제대로 하는 일 속에 존재하는 경우가 있는 것이다. 문호 괴테가 시민들의 요청을 받고 바이마르의 시장이 되었을 때, 그는 시민들에게 이렇게 호소했다.

"여러분, 매일 아침 5분간 자기 집 앞을 깨끗이 청소하지 않겠습니까? 그러면 우리 시와 우리 나라는 얼마나 아름다워지겠습니까."

단지 이것뿐이었다.

민주주의의 기본 원칙은 '요구하기 전에 노력하라'고 하는 것이다. 저기 저 집 사람은 언제나 집 앞의 도로를 청소하고 있다. 그러나 저곳의 도로는 요철이 많아 안됐으니 저 앞 도로를 고쳐주자고 하는 것이 민주주의인 것이다. 그런데 현대인들은 청소도, 아무것도 안하고 집 앞의 도로를 고치자고 요구한다. 노력을 안하는 인간은 민주주의 사회에서는 전적으로 방해물인 것이다. 봉사의 기본이 되는 것은 사랑이다. 자기 이외의 모든 사람, 모든 자연, 모든 물상(物象)에 대한 사랑이다. 그리고 그 사랑의 가장 존귀한 형태가 자기 희생이라는 것은 온갖 종교가 설파하고 있는 점이다. 성서에서 말하기를,

"한 알의 밀이 만일 죽지 않으면……."

즉 지상에 떨어진 한 알의 밀이 언제까지나 자기는 밀 그 자체로 있으면 다음의 싹은 나지 않으며, 다음의 열매는 결코 여물지 않는다. 지상에 떨어진 밀이 자기는 밀인 것을 포기하고 썩어주기 때문에 다음 싹이 나와 다음 열매를 탐스럽게 여물게 하는 것이다.

이러한 희생적 정신에 입각한 풍부한 봉사하는 마음을 기를 수 있는 것은 20대까지다. 그리고 이와 같은 사랑하는 마음을 몸에 익힌 남자를 여성은 가장 사랑한다. 요즈음 젊은이의 연애가 결혼과 동시에 붕괴되어 없어지고 조기 이혼이 많은 것은

20대 전반까지는 정말로 사람을 사랑하는 마음을 모르기 때문이다. 지상의 사람은 자기를 희생하더라도 어떻게 상대의 마음을 만족시키느냐에 있는데, '나를 사랑해 달라.', '나를 사랑해 주세요.' 하고 서로 일방적으로 사랑을 주장하기 때문에 권리와 권리가 맞붙어 파괴되고 마는 것이다.

당신은 남에게 봉사할 마음을 가지고 있는가! 그 마음을 가진 젊은이만이 청춘의 눈동자가 번뜩이는 것이다.

⑬
은혜를 잊지 말아라

인간은 두 가지 타입이 있다.
사소한 일을 했는데도 크게 감사하는 인간과,
큰 일을 해주었는데 조금도 감사하는
마음이 없는 인간이 있다.
전자는 남이 좋아하고 사랑을 받으며 존경도
받게 되지만, 후자는 남의 노여움을 사고
무시되어 버린다.

자기를 알아주는 것은 용이한 일이 아니다

옛날에는 동서양을 불문하고 은혜를 잊는 남자는 가장 경멸
해야 할 사람이었다. 그것은 남자의 최대 치욕이며, 그 때문에
주위 사람들로부터 지탄을 받았다. 그러나 사회의 구조가 복잡
해지고 교통이나 도시가 발달함에 따라 인정은 그야말로 고무
풍선처럼 각박해졌다. 인정의 대부분을 차지하는 것은 은혜에
대한 보답이다. "저 사람이 저런 일을 해주었는데 얼마나 감사
한지 모르겠다. 언젠가는 꼭 이에 보은하지 않으면 안 되
겠다."고 하는 생각이 인정이라고 하는 표현을 취하고 있는 것
이다.

인간에게는 두 가지 타입이 있다. 사소한 일을 해주었는데
크게 감사하는 인간과 큰 일을 해주었는데 조금도 감사하는 마
음이 없는 인간이다. 전자는 남이 좋아하고, 사랑을 받으며,

존경도 받지만 반면에 후자는 남의 노여움을 사게 되고 무시되어 버린다.

그런데 기묘한 일은 은혜를 잊는 사람이 득을 보는 경우도 있다. 남에게서 큰 은혜를 입고도 그 은혜를 쉽게 잊는데, 심한 경우에는 은혜를 원수로 갚기도 하고, 급할 때 돈을 빌어 쓰고도 갚지 않는다. 곤경에서 구해 준 사람을 모른 척한다. 은혜를 모르는 사람들은, 그 답례를 하기 위해서 선물을 보내거나, 은혜를 갚기 위해 봉사를 하는 것도 아니므로 자기에게 플러스는 있어도 마이너스가 될 것은 하나도 없다고 생각한다.

인생은 복잡하다. 미래는 예측할 수 없는 일들이 도사리고 있다. 그렇기 때문에 사람은 언제 어디에서 곤경에 처하게 될는지는 아무도 모른다. 은혜를 잊고 사는 사람도 다시 누군가의 도움이 절실히 필요할 때가 있다. 그 때는 어떻게 하겠는가? 뻔뻔스럽게 또다시 도움을 청할 수 있을까? 도움을 청한다고 배은망덕한 사람을 흔쾌히 도와줄 사람이 있을까?

그러나 일생을 두고 은혜를 잊지 않는 사람은 인간으로서 최고의 이득을 얻는다. 그것은 그 사람이 성실한 사람이라고 하는 깊고 확실한 인상을 마음속 깊이 심어줄 수가 있다.

이 세상에 자기를 알아줄 사람이란 그리 많지 않다. 가족마저도 모르는 경우가 있다. '아내와 가족들은 그녀나 그의 주인이 영웅이라는 사실을 모른다.'는 속담이 있다. 밖에서는 영웅이지만 피로에 지쳐 집에 돌아와서 코를 골고 자고 있는 남자를 아내는 아무래도 영웅이라고 생각할 수 없는 것이다.

그만큼 인간이 인간을 바르게 이해하기가 곤란한데, 정말로 마음으로부터 성실한 인간이라고 인정해 주는 사람이 단 한 사람이라도 있다면 남자는 그것으로써 만족해야 한다. 남자로서

이 이상 명예로운 일은 없는 것이 아닌가.

남자에게는 이러한 의(義)에 의해서 사는 낭만이 필요하다. 20대의 순수한 시기에 이 정신을 길러두지 않으면 30대 이후의 이해 타산 시대로 접어들면 자기로서는 솔직한 기분으로 하고 있어도 보는 눈에는 그것이 이해 때문이라고 받아들여질 가능성이 충분히 많은 것이다.

보은의 덕성은 20대에 몸에 익혀라

어쨌든 인간이 자신의 노력으로 몸에 익힐 수 있는 범위의 덕성을 갖추는 것은 20대라면 용이하지만, 그 이후는 피나는 노력을 가해도 쉽게, 간단히 갖추어지는 것은 아니다. 유감스런 일로 이러한 경험은 30대, 40대, 50대로 점점 나아감에 따라서 "아아, 젊었을 때 자기에게 깊이 심어놓았더라면 좋았을 텐데……." 하고 후회할 뿐이며, 지금 당신이 체험하고 있는 20대에서는 이것을 잘 모른다. 바로 이것이 인간 최대의 결점인 것이다.

내 주위를 둘러보아도 '그 사람에게 내가 무엇을 해준 일이 있었을까?'하고 과거의 일을 아무리 더듬어 보아도 생각이 나지 않는 사람에게서 지난날에 베풀어준 은혜에 깊이 감사한다는 편지와 함께 선물을 보내는 경우가 있다. 그러한 마음이 나를 감동시킨다. 신뢰할 수 있는 사람이라는 확신을 준다. 그런 사람은 누구에게나 존경을 받으며, 경영자가 되어서도 사원 모두의 매너가 다른 회사보다 탁월하게 좋거나 개인으로서는 언제나 그룹의 중심이 되는 사람이다.

당연히 이와 반대인 사람은 그 교활함이 곧 남의 눈에 띄어 조금씩 조금씩 경원시되고, '이래서는' 하고 생각했을 때는 인간관계에서 제외되고 있는 것이다. 인간이라고 하는 것은 몸을 지키는 본능이라고도 할까, 공통적으로 싫은 인간을 곧 찾아내는 능력을 가지고 있는 것이다.

언제인가 나는 자유, 권리, 효행, 보은의 네 가지를 비교해 보았는데, 아무래도 20대는 자유를 첫째로, 권리를 둘째로 들고 효행이나 보은은 자기로서 중요한 것이라고는 생각지 않는다는 통계를 작성한 일이 있다. 그러나 30대, 40대로 나아감에 따라서 효행이 자유와 권리를 추월하고, 50대에 들어가면 보은도 자유와 권리를 앞질러 간다.

이것은 직업이나 가정 속에 정착해 감에 따라서 이 사회에는 자유나 권리를 아무리 주장해도 그것은 용이하게 통하지 않는다고 하는 보수적인 기분이 차츰 강해지기 때문이다. 다시 말해서 경험과 연륜이 인간을 도덕적·사회적 인간으로 만든 것이다. 나이가 든 부모를 잘 모시고 또 은혜를 제대로 갚는 것이 얼마나 좋은 인간관계를 만들어 가는가가 몸에 스며들어 알게 되었다는 말로 표현할 수 있는데, 이것은 인간의 삶의 한 단면을 증명하고 있다.

그러나 더욱 깊이 조사해 가면 효행이든, 보은이든 그 마음이 20대에 뿌리 박혀 있지 않은 인간은 부모가 아무리 나이 들어 병이나 생활고를 겪고 있어도 효도하지 않는다. 가정내에 불화를 일으키는 인간은 언제까지도 자기의 권리만을 주장하고, 서로에게 전심 전력을 다하는 희생이나 서비스에 대하여 아무런 감사하는 마음을 일으키지 않는 인물이라는 것을 안다.

지금의 많은 젊은이들은 정신적인 가치를 돈이나 물질로밖에 계산하지 못하는 무정한 인간으로 탈바꿈되어 가고 있다. 이런

일을 했으니 얼마를 달라고 한다든가, 학교 성적이 좋아지면
무엇을 사주겠다고 하는 환경이 당연한 것으로 되어 버리고
있다. 그것은 순간적인 기쁨을 주기는 하지만 인격의 성장에는
전혀 도움이 되지 않을 뿐 아니라 마이너스로 기르는 방법밖에
되지 않는 것이다.

⑭
우연히 맺은 사랑을 소중히 하라

많은 사람을 우연히 만나는
것도 자기를 만들어 가는 데 중요한 작업이다.
상대가 남자이든 여자이든 필요한 것은,
그 사람과의 만남을 생각할 때
용기가 솟아나와주면
좋은 것이다.

만남으로 열릴 가능성도 있다

부부라고 하는 것은 인생에 있어서 최대의 우연한 만남이다. 당신이 갓난아이로 태어나 부모 곁에서 사는 것보다 더 긴 세월을 함께 살아갈 사람과 만나는 것이다.

나는 언제나 우연한 만남이 사랑이 아닌가 하고 생각하고 있다. 나는 16세 때 고향이자 번화가인 도쿄를 떠나, 한창 치열한 전쟁이 벌어지고 있는 무렵에, 멀리 떨어진 쏘가루(津輕)에 있는 구제 고교로 낙향했다. 거기서 3년을 지내고 다음 1년은 목적도 없이 전국을 유랑했고, 또 대학 3년간을 다시 센다이에서 살았다. 그리고 취직해 신입사원으로서 규슈(九州)의 구마모토(態本)에 부임하여 거기서 또 3년간을 생활했다. 그 후는 다시 도쿄로 돌아왔다.

즉, 나는 청춘의 10년간을 모두 타향에서 산 셈이다. 그러나

이 10년 동안 나는 얼마만큼 수많은 사람들과 만나는 행복을
얻었을까. 지금 50대에 와서도 마음으로부터 교제하고 있는 것
은 99%까지가 이 시대에 만났던 사람임을 회상하게 된다. 이것
을 생각할 때 청춘기에 많은 사람과 알게 되는 것이 인생에 있
어서 얼마나 중요한가에 새삼스럽게 놀라지 않을 수 없다. 많
은 사람과 만난다는 것은 그거야말로 청춘의 특권과도 같은 것
이다. 미지의 가능성을 충분히 자기 몸 속에 지니고 있는 청춘
시절에는 그 가능성이 어떤 본체인지 모르고 있다. 그렇기 때
문에 그것을 확인하려고 하는 수단의 하나로써 이 사람과도,
또 저 사람과도 만나보고 싶은 원망(願望)이 몸 안에 가득 있는
것이다.

그런데 나는 언젠가 이런 일을 경험했다. 그것은 두 번째의
러시아 여행에서 모스크바에 들어갔을 때였다. 러시아에서는
외국인이 숙박하는 호텔이 사전에 미리 정해져 있다. 그리고
각 층에는 엘리베이터를 내린 바로 앞 복도에 열쇠를 맡아보는
중년 부인이 앉아 있고, 출입할 때마다 열쇠를 그 부인에게 맡
기거나 받지 않으면 안 된다.

나는 비교적 외국인과도 곧바로 친해지는 편이라 그때도 중
년 부인과 곧 친해졌다. 도착한 다음날 내가 취재를 위하여 외
출하려고 열쇠를 그 부인에게 맡기자 그녀가,

"선생님의 바로 앞방에 선생님과 같은 국적의 젊은이들이 투
숙하고 있습니다. 식당에 가는 것 이외에는 구경도 나가려고
하지 않고 있더군요. 그저께부터 계속 방에서 무슨 소리만 나
는데 대체 뭘 하고 있을까요?"

하고 물었다. 경찰 기관이 늘 날카로운 눈을 번뜩이고 있는 이
나라에서는 너무 불신을 받는 것도 좋지 않아 나는 그방을 노

크했다. 한 젊은이가 얼굴만 빼쭉 내밀었다. 열쇠 담당 부인이 수상쩍게 생각하고 있다는 말을 전하자 그 젊은이는 대답했다.

"우리는 여기 모스크바에 마작을 하려고 왔습니다."

나는 질려버렸다. 하지만 자네들은 젊은이들이므로 거리에 나가 모스크바의 젊은이들과 친해져보면 어떻겠느냐고 질문해 보았다. 그러자 그 젊은이는 대답했다.

"…… 그렇게도 생각합니다만……, 언어는 통하지 않고……, 귀찮으며……, 밖에 나가 길을 걸어도 거리를 어떻게 가야 좋을지 몰라서……."

나는 말없이 문을 닫았다. 같은 나라 사람으로서 실로 무색하였다. 모스크바에 가서 마작을 하자는 것은 발상도 아니고 아무것도 아니다. 오로지 어리석은 행위다. 다음날 아침 나는 그들을 그대로 강제로 밖으로 끌어내어 전차에 태우고 버스에도 태웠다. 그리고 도중에서 헤어졌다. 그들이 어떻게 하고 호텔로 돌아오는가를 볼 생각이었는데 그날 밤 네 사람이 할 말이 없다는 듯 우리가 잘못 생각하고 있었다고 솔직하게 고백하였다.

곤경을 구해 준 여러 층의 사람들

청춘시절에 뭔가를 알고 싶다는 욕망을 일으키지 않으면 인간은 언제 지식을 얻을 것인가. 지금의 20대는 어렸을 적부터 시험을 위한 교육, 참고서를 옆에 끼고 공부만 했기 때문에 아무래도 종합적인 지식이 결여되어 있고, 더구나 그 단편 지식들은 어느 분야이든지 흐지부지 하다. 국어교육만 하더라도 옛날과 달리 실제 범위내에서밖에 한자를 배우지 않아 오자투성이이다. 청춘은 그런 잘못이 없도록 대성하게 하는 시기이기도 하다. 그것과 마찬가지로 많은 사람들과 만나는 것도 지식과 자신의 인격을 종합해 가는 데 중요한 작업인 것이다. 일반적으로 만남이라고 하면 그 대상을 곧 여성으로 한정해 버리는 경향이 있다. 확실히 나 자신만 하더라도 청춘시절에 많은 사람들과 만났는데, 내 인생관이나, 사물을 보는 법과 사고 방법에 많은 영향을 준 사람은 여성 쪽이 조금 많은 것 같다. 그것은 아무래도 남자와 여자라고 하는 애정이 싹틀 가능성이 있는 관계라서 그런지도 모른다.

그러나 상대가 남자이든 여자이든 마음에 남는 사랑의 모양은 각양각색이라도 좋다. 필요한 것은 그 사람과의 만남을 상기할 때 마음속에 즐거움, 사는 용기, 그리고 새로운 격려 같은 것이 솟아나주면 되는 것이다.

나 자신을 예로 들면 내게 《성서》라고 하는 책이 있다는 것을 가르쳐 주고 종교에 눈뜨게 해준 것은 구제 고교시절의 친구였다. 나는 크리스천은 아니지만 지금도 독서의 4분의 1은 종교 서적이다. 그리고 내 마음에 대자연을 심어준 것은 눈이 쌓인 온천장 숙소에서 스쳐지나가듯 잠깐 만났던 여성이며, 또 나에게 매일 열심히 사는 것이 인간에게 있어서 가장 중요한 삶이라는 것을 깨닫게 해준 것도 불과 5분 동안에 만난 여성이었다.

나는 지금은 세상을 등진 요절한 그 친구를 여전히 경애하며, 그리고 이 여성들을 사랑하고 있다. 이 사람들과의 만남을 회고할 때 나는 언제나 외롭고 쓸쓸함에서 탈출할 수가 있었다. 엇갈려 지나간 데 불과한 두 여성은, 물론 주소도 이름도 모르지만, 아마도 나에게는 영원한 마음의 애인이 될 것이다.

청춘의 만남이란 그토록 강렬한 인상을 남기는 것이다.

사람과의 관계에 있어서 선(善)을 지키는 것은 인간의 의무이다. 만일 그대가 타인에 대하여 선으로 대하지 못한다면 그대는 악(惡)인 것이다. 또 나의 악으로 말미암아 그 사람에게도 악이 눈뜨게 될 것이다.

⑮
정신없이 책을 읽어라

책을 읽는 즐거움을 아는 인간과
그렇지 않은 인간의 가치는
행동력이 이를 커버해 주는 30대 중반까지는 별로 차이가 없다.
그러나 두뇌를 쓰는 일이 주가 되고
부하의 육성이 일의 대부분이 되는 나이가 되면
밝고 어두운 것이 확실해진다.

독서의 차이는 여기서 나온다

젊은이가 전철 안에서 정신없이 만화책을 읽고 있는 풍경만큼 우스운 것은 없으며, "여보게, 자네 장래는 염려없는가?"하고 묻고 싶을 정도로 한심해 보인다.

만화가 나쁘다고 하는 것은 아니다. 만화는 텔레비전과 같으며 피로를 풀기 위한 소재다.

전철은 한가하게 타고 있는 것이 가장 좋겠지만 인간은 첫인상에서 상대를 간단히 판단해 버리는 경우가 많다. 비록 그런 사람이 집에 돌아가서는 교양 서적을 읽고 있다 하더라도 적어도 전철 안에서의 인상은 '이녀석은 별로 신통치 않은 청년'이라고 하는 느낌이 된다.

왜 그런 느낌이 드는 것일까? 그것은 젊은이가 지니고 있는 무슨 일인가에 도전해 보겠다고 하는 자세가 전혀 보이지 않고, 받아들여지고 있지 않기 때문이다. 만화는 아무라도 볼 수 있는 것이다. 만화를 눈을 크게 뜨고 보고 있는 인간은 자기가 할 수 있는 범위의 편한 일밖에 하고 있지 않다고 생각되는 것이다.

편한 삶을 살려고 하는 것은 젊은이로서 가장 부끄러워해야 할 태도임에 틀림없다. 곤란에 부딪쳐 가겠다고 하는 마음가짐은 젊은이의 특권이다. 가능성이라고 하는 것은 그거야말로 바로 젊은이를 위해 준비된 말이다. 자기 속에 자기 자신을 신장시키고 길러나가는 데에 청춘의 활성이 있는 것이다.

독서는 그 훌륭한 어시스턴트이다. 독서중에 우리는 얼마든지 많은 성격의 사람들과 만나게 된다. 깊은 정감을 가지고 세계 각국을 여행하며 자기 혼자서는 도저히 체험할 수 없는 것 같은 사실을 체험할 수 있다. 그리고 인간의 사랑이나 슬픔이나 증오나 원한을 알게 된다. 또한 인체의 신기함에서부터 우주의 수수께끼를 해명하고 그리고 또 미래에 있어서 인간은 무엇을 해야 할 것인가에 이르기까지 독서가 지닌 공간과 시간은 무한하다고 말해도 좋다.

그러한 넓은 세계를 마음속에 취해 넣을 수가 있는 것은 20대까지다. 30대로 접어들면 특별히 독서하는 습관을 붙여 놓지 않는 한 독서는 먼 곳의 일처럼 멀어지고 만다. 이것은 절대 빈말이 아니다. 30대는 독서의 필요성을 느끼면서도 일과 사회생활에 쫓기다보면 그것이 요원해지는 것이다.

책을 읽는 즐거움을 아는 인간과 그렇지 않은 인간의 가치는 행동력이 이를 커버해 주는 30대 중반까지는 별로 차이가 없다. 그러나 두뇌를 쓰는 일이 주가 되고 부하의 육성이 일의 대부분이 되는 나이가 되면 밝고 어두운 것은 확실해진다.

　독서를 하고 있는 인간은 사물에 대해 생각하는 방법에도 뛰어난 발상을 가지고 있다. 이 사람은 그런 것까지 알고 있는가 하는 놀라움에서 생기는 존경심을 상대에게 안겨주는 것이다.

교양의 궁상(窮相)을 보이지 말아라

　메이지 유신을 이룩했던 그 시대, 20대 젊은이의 향학심(向學心)은 참으로 찬양할 만하다. 사전이라곤 제대로 한 권도 없었는데 영국·네덜란드·독일·프랑스·러시아 등의 원서(原書)에 도전하여 두툼한 책을 베껴 공부하고 만리파도 속을 1개월 이상이나 맹렬한 물살과 배멀미에 시달리면서 너도나도 외국에 건너가 마침내 각국어로 대담한 논문을 썼다.

　그들에 비하면 오늘의 교육환경은 얼마나 좋은가. 교사나 사전, 참고서, 번역서 등이 너무 많아 남아돌 정도이다. 더군다나 중학교에서부터 대학까지 외국어 수업을 받고 있다. 그런데도 외국어로 엽서 한 장 쓰지 못하는 지금 우리의 능력은 얼마나 형편 없고 빈약한가.

　대학생이면서 책꽂이에 책 한 권 없는 젊은이가 수두룩하다고 말할 수 있다. 무엇 때문에 대학에 다니고 있는가. 여자친구를 승용차에 태우고 달리며 스테레오 소리를 크게 틀어놓는 것밖에 모르는 대학생은 쓰레기 중의 쓰레기다. 가능성을 자기 자신이 자청해서 포기한 것과 같은 것이다. 이러한 학생에게 미래는 전혀 없는 것과 다름없다.

　나는 유명한 학력 무용론자이다. 타인이 제멋대로 내 약력을 써버리는 것은 손을 쓸 수도 없지만, 내 자신이 쓸 때는 취직한 후부터밖에 쓰지 않는다. 그것도 한 직업에서 계속 종사했으므로 '1952년 일본방송협회 입국'이라고 쓰면 끝난다. 대학을 나와도 아무 데도 쓸모 없는 녀석도 있고, 중학교만 나와도 훌륭한 능력을 가진 사람도 있다.

좀 지나친 표현이라고 반박하는 사람들도 있지만, 나는 소위 일류 국립대학을 나온 사람과 이류 이하의 사립대학을 졸업한 사람과의 차이가 오직 하나, 독서량에 있다고 생각한다. 물론 반드시 그런 것은 아닐 것이다. 그렇지만 대개가 전자는 불과 5분 동안의 시간이 있으면 곧 교양서를 펴는데 반해 후자는 1시간이 있어도 차를 마시고 쓸데없는 잡담만 지껄이는 경우가 많다. 이 차이는 큰 것이다. 먼지가 쌓이면 태산이 되는 것이다.

제2차세계대전이 끝날 무렵, 추운 눈 오는 날 밤에 서점 앞에서 철야해 가며 책을 사가지고 와서 독일어 사전을 한 자 한 자 펴보면서 밤새워 읽던 내 청춘이 그립다. 타이프로 쳐진 외국어 텍스트를 몇 십 장이나 조사해 가지고 가지 않으면 강의를 전혀 알 수 없었던 《산타로의 일기》의 저자인 아베 지로(阿陪次郞) 선생의 말이 생각난다.

요즈음 나는 1주에 30시간밖에 책을 읽지 못한다. 적어도 40시간쯤은 읽어야 한다고 간절히 염원하고 있지만 일에 쫓겨 아무래도 할 수 없다. 게다가 읽은 책은 모두가 일본어로 씌어진 학술 관계 전문서, 역사, 종교, 수학사(數學史)가 대부분이다. 10대나 20대 무렵처럼 이해하기 어려운 책에 도전해 볼 기력도 시간도 이제는 없다. 내 인생이 종반에 가까워지고 있다는 증명이리라.

20대에 보다 더 열렬히 책을 읽었더라면 좋았을 텐데 하는 아쉬움이 남는다. 한 줄의 문장을 이해하는 데 며칠이나 애를 써야 읽을 수 있는 그런 책을 그때에 몇 갑절이라도 더 읽었다면 나의 이제까지의 인생은 훨씬 빛나는 것이 되어 있었을 것이 틀림없다.

20대에 책과 만나지 않는다면 대체 언제 인간은 책과 친숙할 수가 있는가. 독서가 없는 사람은 항상 교양의 고아로서 만족하지 않으면 안 되는 것이다.

⑯
상식을 상식으로 여기지 말아라

숫자를 예로 들어도
1, 2, 3…은 이렇게 나란히 되어 있는 것밖에
생각할 수 없는 상식과, 그 상식 속에서
뭔가를 발견하려고 하고,
상식을 상식으로 하지 않는 태도와는 크게
다른 점이 있다. 싱싱한 20대에 진취적
기질을 몸에 익혀라.

21세기를 살기 위해서

자고로 사회를 지배하고 있는 계층은 항상 기성세대였다. 당신들의 아버지나 아저씨, 그리고 형님들이 정치·경제·종교를 비롯한 사회 전반에 걸쳐 사회를 책임지고 이끌어가고 있는 것이다.

기성세대들이 주도하는 사회는 보수적일 수밖에 없다. 20대들의 사고와는 사뭇 다른 양상을 보이는 것은 사회 생리상 어쩔 수 없는 일이다. 이것을 흔히 세대차이라고 한다.

20대인 당신들의 입장에서 생각해 보아도 10대와 차이를 느낄 것이다. 당신들의 눈에 비친 10대들은 어떠한가? 생각이 너무 어리고, 어리석고, 위태위태하다고 생각된 경우는 없는가? 만일 있다면 당신들도 10대와 세대차이를 보이고 있는 것이다. 이와 마찬가지로 30대가 넘어선 기성세대들이 20대인 당신들을 보는 눈은 매우 염려스럽다. 20대들의 행동이나 사고방식이 못미덥고 못마땅하다. 그래서 기성세대들의 상식으로 20대들을 지배하려고 한다. 이것에 20대들은 반박하게 되고, 그리하여 구세대와 신세대의 갈등이 빚어지는 것이다.

따지고 보면 신구세대의 갈등은 어제 오늘의 문제만은 아니다. 아주 오래전부터 20대는 기존의 상식에 반항하며 개선을 촉구해 왔다. 그러는 가운데 그들도 기성세대가 되고, 또다시 신세대와 대립하는 것이다.

신구세대의 갈등과 대립은 언제나 사회와 문명의 발달을 촉진시켰다는 것은 누구도 부정할 수 없는 사실이다. 따라서 20대는 미래를 지배할 상식을 형성하는 시기다.

유연한 정신이 있는 20대 때에 인간으로서 결코 변하지 않는, 즉 누구와도 사이좋게 지낸다든가 자연을 사랑하는, 기본적인 논리는 몸에 익혀두고, 변혁해야 할 일은 단호히 바꾸어 가려고 하는 용기를 양성할 필요가 있다. 특별한 혁명을 하라고 말하는 것은 아니다.

내가 당신들에게 원하고 싶은 것은 상식을 상식으로 하지 않는 진취적 기질인 것이다. 차 안에서 목발을 집고 있는 신체장애자에게 자리를 양보하는 것은 상식이다. 그러나 이 경우 어느 자리를 양보해도 좋다는 것은 아니라는 것도 또 하나의 상식으로 가져야 할 것이다. 예컨대 옆으로 길게 되어 있는 좌석의 중앙에 앉아 있던 사람이 가장자리에 서 있는 신체장애자에게 자리를 양보했다고 하자. 이때 신체장애자는 그 자리에 앉기 위하여 걸음을 옮기다가 여러 가지 불상사가 생길 수도 있다. 그러나 좌석의 가장자리에는 천장까지 닿는 철봉이 붙어 있다. 그 철봉 옆에 앉아 있던 사람이 일어서서 자리를 양보하면 신체장애자는 그 철봉을 붙잡고 서 있을 수도 있고 또 앉아 있을 수도 있는 것이다. 그러므로 중앙에 앉아 있던 사람이 일어서면 철봉 옆에 앉아 있는 사람은 중앙 쪽으로 다가앉지 않으면 안 된다. 이것을 상식으로 하지 않으면 안 된다. 이러한 상식의 그릇됨을 바르게, 참다운 상식으로 하여 몸에 익히는 일이 20대에는 중요한 것이다. 왜냐하면 그것을 실행하는 긴 시간이 준비되어 있기 때문이다. 50대, 60대, 70대에는 그런 시간은 이미 없다.

상식을 상식으로 하지 않는 사고 방법

그러한 것은 생활 주변에 얼마든지 있다. 이를테면 당신 눈앞에 하나의 물품이 있다. 오직 하나뿐이라면 계산할 필요는 없다. 둘 이상이 있으면 1, 2, 3……하고 세지 않으면 안 되게 된다. 그러면 수라는 것은 1, 2, 3, 4, 5……하고 배열이 나란히 되어 있어 1이 문자 그대로 가장 처음의 수라고 생각되지만 셀 필요는 2부터 생긴 것이므로 관념상 2가 시작이다.

그런 시각으로 봤을 때, 인류가 원숭이로부터 진화하여 원숭이와 사람이 확실히 구별되어 갈라진 것이 어느때이냐면 엄지손가락과 집게손가락으로 물건을 집을 수 있게 된 때라고 한다. 그때까지는 네 손가락과 엄지손가락 하나가 떨어져 있어 마치 어린아이들이 벙어리 장갑을 끼고 있는 것과 같은 것이었다. 이래서는 땅을 팔 수는 있어도 생산은 할 수 없다.

인간이 수를 고안한 것은 지금으로부터 약 5,000년 전이라고 하는데, 현재 인간 사회를 관리하는 최첨단 과학인 컴퓨터는 2진법으로 조립되어 있다. 7,000년이나 멀리 돌아온 것이 된다.

단순한 수만을 예로 들어도 1, 2, 3하고 나란히 되어 있는 것이라고밖에 생각지 않는 상식과 그 상식 중에서 뭔가를 발견하려고 하는, 상식을 상식으로 하지 않는 태도와는 이렇게도 다른 것이다. 그것을 싱싱한 20대에 습득하지 않으면 사물을 정확히 관찰하는 시기를 잃고 마는 것이다.

20대에는 10대 때의 버릇없는 행동이 아직 완전히 없어지지 않았다. 사실 너무 예절 바른 젊은이도 재미없다. 오히려 버릇없다는 것이 20대답다고 할 수도 있는 것이다. 20대는 아무것에도 구애되지 않는 시선으로 사물을 응시하는 태도가 오히려 득이 된다.

자유를 획득하기 위해서는 인간 자신이 자기에게 속박되지 않는 자유가 필요한 것이다. 부모의 감시의 눈에서 벗어나 여자와 자유롭게 놀고 싶다는 등 좁은 소견의 자유는 화 중에서도 화가 된다. 폭주족이라든가 번화가에서 여자의 목을 감싸안고 걷고 있는 남자의 모습 속에 자유가 있는 것은 결코 아니다. 그런 것은 오히려 위축된 불결한 정신을 감지할 뿐이며, 저런 남자와 함께 있는 사회 속에, 살고 있다는 것을 한심스럽게 생각할 뿐이다.

⑰
인간다운 예법을 지켜라

예의는 인간을 짐승과
구별하는 가장 중요한 덕목이다.
따라서 인간이 예의를 지켜야 한다는 것은
아무리 강조해도 지나침이 없다. 예의를 모르는 인간은
다른 부분에서 아무리 뛰어난 일을
하더라도 정신적으로는
하층 계급이다.

젊음이 아름다운 것은 몸에 표현력이 있기 때문이다

전체 인생에서의 20대는 인간의 기본적인 성격이 형성되어 가는 마지막 시기다. 이 시기에 상냥함을 몸에 익힌 사람은 일생 동안 상냥한 마음을 계속 유지할 것이며, 근면을 습득한 사람은 항상 근면하다. 역사상 많은 위인들 중에도 10대에는 난폭한 성격의 사람이 많았다. 그러나 그것은 10대까지이며, 20대가 되자 그것을 거침없는 용기로 바꾸었다. 즉 20대로 접어들어 진정한 용기와 만용을 구별하게 된 것이다.

형편없는 폭력배가 개과천선하여 사회정의 실현에 앞장 선 예가 많다. 그들은 어느 순간에 자기 행동의 옳고 그름을 깨달아 청춘의 에너지를 좋은 쪽으로 쓰기 시작했던 것이다. 이렇듯 사회악(社會惡)에서 사회선(社會善)으로 변하는 시기도 20대 때에는 가능하다. 20대는 인격이 완전히 형성된 것이 아니라,

형성되어 가는 시기이기 때문이다.

20대는 변화가 무쌍한 시기다. 어떠한 악인도 선인으로 변할 수 있다. 어느 책에 의하면 20대의 범죄자들은 본질적으로 악인은 아니라고 쓰고 있다. 원래 머리가 좋은 인간이었는데 길을 그르치고 있을 뿐이라는 의미의 글이 그것인데, 사실 바보라면 범죄자도 될 수 없는 것이다.

즉 그들은 머리와 수완을 좋은 쪽으로 사용하면 좋았다. 그런데 어쩌다가 범죄자가 되었을 뿐이므로 인도를 잘하면 새사람이 될 가능성이 많은 것이다. 그 가능성에 대한 조짐은 그가 예의 범절을 지키는 데 있다.

'예의'는 인간을 짐승과 구별하는 가장 중요한 덕목이다. 따라서 인간이 예의를 지켜야 한다는 것은 아무리 강조해도 지나침이 없다. 예의를 모르는 인간은 다른 부분에서 아무리 뛰어난 일을 하더라도 정신적으로는 하층 계급이다. 예의 범절의 기준은 머리를 숙여 인사하는 것이다. 이것이 몸에 익혀지지 않으면 무엇을 해도 쓸데없는 것이다. 예의라는 것은 말로만 하는 것이 아니다. 몸 전체로 표현하는 것이다. 젊은이가 아름다운 것은 몸에 표현력이 있기 때문이다.

예의 범절은 마디마디가 뚜렷한 태도이다. 예절이 바른 사람은 누구에게나 환영을 받는다. 바보는 자세가 나쁘고 찻잔을 테이블 위에 소리내어 놓거나 한다. 나도 레스토랑 같은 데서 경험하였지만 웨이트레스가 물이 든 컵을 난폭하게 테이블 위에 놓기라도 하면 그 소리에 깜짝 놀라는 일이 있다. 그것은 소리에 놀라는 것이 아니라 텅하고 난폭하게 놓는 웨이트레스의 마음에 눈을 크게 뜨는 것이다. 여자아이라고 하는 것은 인간의 상냥한 마음의 상징과도 같은 것이다. 이런 무례는 이 소리를 보기 좋게 배반하는 것이다.

취직 시즌이 되면 대학 안에서 모의면접 시험이라는 것이 있어 어떤 질문에 어떻게 대답하는가 하는 연습을 하는 모양 같다. 그것은 텔레비전에서 본 일이 있는데 그런 짓을 해도 몇만분의 1도 소용되지 않는다. 시험관은 당신이 문을 열고 들어온 순간 당신이 어떻게 인사를 하는가, 문을 어떻게 닫는가, 어떤 식으로 앉는가, 어느 정도의 성량(聲量)으로 대답하는가 하는 것 등 가식(假飾)으로는 꾸며낼 수 없는 부분을 주목하고 있는 것이다. 대답의 내용 따위는 어린애의 소견과도 같아 어른인 시험관에게는 사실 우스워서 듣고 있을 수가 없는 것이다. 시험관은 그 계통에서 몇 십 년을 지내온 사람들이다. 진짜와 가짜는 곧 구별이 되는 것이다.

무엇이 인간의 기본적인 예법인가를 여기에 일일이 열거하지는 않겠다. 그런 것은 당신도 이미 알고 있다. 당연한 일을 자연스럽게 지킬 수 있는 젊은이가 훌륭한 인물로 성장한다.

⑱
식사는 예의 바르게

대체로
인간이 음식을 먹고 있을 때의
얼굴은 인간의 표정 중에서 가장 보기 싫은 얼굴이다.
그러기 때문에 인간은, 고금과 동서를 불문하고
식사 예법을 엄격하게 가르쳐
오고 있다.

식사는 중요한 문화이다

요즈음의 젊은이들은 젓가락질하는 법도 서툴다. 언제인가 5,6명이 테이블을 둘러싸고 앉아 있었는데 그들 모두가 제대로 젓가락 잡는 법도 모르고 있었다. 나는 먹는 것도 잊고서 구경하고 있었다. 물론 왼손잡이가 나쁘다는 것은 아니지만, 나는 왼손잡이들에게도 제발 젓가락만은 오른손으로 잡아주기를 원하고 있다. 글씨를 쓰는 일이나 다른 것은 왼손으로도 좋다. 그러나 젓가락만은 오른손으로 쓸 수 있도록 연습해 줄 수 없겠는가 하고 부탁하고 있다.

식사에 필요한 예법은 왼손으로는 지킬 수 없고 첫째로 보기에 딱한 느낌이 든다. 더군다나 그것이 여성이라면 이 사람이 어머니가 되었을 때 어떻게 하여 어린아이에게 젓가락을 잡는 법을 가르칠까 하고 불안해지며, 이 여성의 어머니는 어떤 사람이었는가 의심하고 싶어진다.

나는 왼손으로 젓가락질을 하는 사람과 식사를 하면 음식이 목구멍으로 넘어가지 않는다. 나는 자리를 박차고 일어서서 젓가락을 잡는 법에 대하여 강습회를 열어주고 싶은 충동까지 받는다.

젊은 남자들이 먹고 있는 모습을 보면 왜 그렇게 한결같이 젓가락을 식탁 위에 쿡쿡 찌르며 먹는지, 때로는 턱에 손을 받치고 찻잔을 식탁 위에 놓은 채 마시고 있기도 한다. 함께 먹고 있는 사람이 그 모습을 보면 도무지 식욕이 나지 않으리라. 더구나 젓가락질도 제대로 하지 못하는데다가 개처럼 급하게 서둘러 먹고 소리내어 씹으며 뺨을 크게 부풀게 하여 원숭이 같은 얼굴로 먹고 있으니 말이다.

대체적으로 인간이 음식을 먹고 있을 때의 얼굴은 인간의 표정 중에 가장 보기 싫은 얼굴인 것이다. 그러기 때문에 인간은 동서양을 불문하고 식사 예법을 엄격하게 가르치고 식사를 즐겁고 아름다운 것으로 하려고 유의한 것이다.

나는 애인이 생기거나 맞선을 본 사람에게 "둘이서 한번 여름을 지내시오, 그리고 두 사람이 때때로 식사를 같이 하시오."라고 반드시 권한다. 여름은 얇은 옷을 입으니 상대의 몸이 잘 보인다. 튼튼한 몸인가 빈약한가를 이내 식별할 수 있다. 그리고 젊었을 때에 몸에 익힌 식사법은 일생 동안 거의 변하지 않는다고 하기 때문이다.

부부는 서로 닮는다는 말이 있다. 닮은 사람끼리 결혼한 것이 아니라 같은 지붕밑에 살며, 언제나 둘이서 이야기하고, 같은 것을 먹고 있으면 어느새 어딘가 닮은 성격이 만들어져 간다는 것이다. 특히 글씨를 쓰는 법이 닮아진다고 한다.

그러나 아무래도 닮아지지 않는 것이 식사를 하는 방법이라고 지적되고 있다. 젊은 독자 중에 서둘러 먹고 소리내며 먹는 남자는 결혼해서도, 어린아이가 생겨도 그 버릇이 고쳐지지 않는다. 물론 젓가락을 잡는 법은 도저히 바꿀 수가 없다.

이혼하는 부부의 이야기에서 반드시 나오는 것은 "이제 얼굴을 보는 것도 싫다.", "젓가락을 위아래로 하는 것도 마음에 들지 않는다."는 말이다. 젓가락을 위로 올리고 내리는 것은 이렇게 생활 속에 녹아들어 그 인간의 성격을 송두리째 내놓는 부분인 것이다. 젓가락을 잡는 법으로 그 사람의 두뇌 상태와 예절 태도를 알 수 있다.

서양의 기사도(騎士道)에서도 아무리 무용이 뛰어나도 식사에 예절이 없다면 어떤 남자라도 귀족의 딸들이 싫어했던 것이다. 서양의 나이프와 포크 따위는 동양의 젓가락과 찻잔에 비하면 예법은 훨씬 간단하다. 잘라놓고 찔러서 먹는 것뿐이다. 그래도 아름답게 식사를 하는 것은 남자가 해야 할 일의 중요한 하나였던 것이다.

⑲
좋은 친구를 택해라

좋은 친구를 찾아내는 일, 그것은
20대가 목숨을 내걸고 신중히 해야 할 일이다.
이 20대가 지난 후에는 없는 것이다. 인간은 자기가 들어갈 관 뚜껑을 덮을 때까지는
그 평가를 모르는 것이지만, 최후의 승부는 자기의 장례식에 몇 사람이
와주며 자기를 위해 울어주는
사람이 있느냐 이다.

20대의 친구는 일생의 벗이 된다

20대라고 하면 이제부터 앞으로 긴 인생이 있는 것 같은 생각이 들지만 실은 20대에서 끝나버리는 것도 있다. 신장 같은 것은 그 가장 두드러진 예인데, 대개는 18세 정도에서 이제 더 크지 않게 되거나 20대에 들어가 컸다고 해도 불과 수센티나 수밀리이다. 20대가 최후인 것이다.

이런 눈으로 보이는 생리적인 현상 외에도 마음의 상태에서는 보다 더 심하게 신장이 그쳐버리는 것이 있다. 언제나 쓰는 바와 같이, 청춘시절에 상냥함을 기억한 사람은 일생을 두고 상냥한 마음을 계속 가질 것이며, 남을 밀어 제치고 자기본위밖에 살지 못하는 사람은 언제까지나 남이 좋아하는 일은 없을 것이다. 즉 성격의 기반도 거의 20대에 굳혀져 버린다.

또 하나는 친구를 얻는 일이다. 20대를 마칠 때까지 얻은 친

구는 일생의 벗인 경우가 많다. 30대부터는 친하게 교제하는 사람은 많이 있으나 부담없이 마음을 털어놓을 수 있는 벗은 없다.

내게 한 사람의 벗이 있었다. '있었다'고 과거형으로 쓰지 않으면 안 되는 것이 마음이 아프다.

내가 구제 히로사키 고등학교에 들어간 지 얼마 되지 않았을 때이니까, 바로 전쟁중의 일이었다. 학교 선배들이 학도병으로 전장에 나갔다. 그때 후배들인 우리는 선배들의 송별을 위해 히로사키 역전으로 나갔다. 우리는 북소리에 맞춰 어깨동무를 하여 원을 그리며 목청껏 교가를 불렀다. 몇몇 후배들은 역이 떠나가라 구호를 외치며 미친 듯이 날뛰기도 했다.

그렇게 전송하고 있을 때, 돌연 헌병과 경찰관이 달려왔다.

"이 전시중에 너희들은 무슨 짓을 하고 있는 것이냐! 책임자는 당장 앞으로 나오라!"

경찰관이 험한 표정으로 소리쳤다. 그러나 우리들 중에 책임자가 정해져 있는 것은 아니었다.

"네가 책임자이지?"

경찰관이 나를 지목했다. 그것은 내가 원의 한가운데서 큰북을 치고 있었기 때문이었다. 나 말고도 다른 쪽에서 북을 치고 있던 학생이 있었다. 그 학생과 나는 경찰서로 끌려갔다.

"너희들은 지금이 비상시라는 것을 모르느냐?"

경찰관이 크게 꾸짖었다. 그러자 나는 눈을 크게 부릅뜨고 대꾸했다.

"고등학교에는 고등학교 나름의 의식이 있소. 생사를 거는 싸움터에 출정하는 선배들에게 무사히 돌아오기를 비는 것이 뭐가 그리도 잘못이란 말이오. 전쟁은 머지않아 끝날 것이오.

전쟁이 끝나면 세계의 모든 사람이 평화롭게 지낼 텐데……."

"뭐야? 평화라니 그게 무슨 소리냐? 이 비국민!"

경찰관은 내 말을 중간에서 끊으며 갑자기 주먹을 날렸다. 느닷없는 일격에 나는 외마디 비명을 토해내며 쓰러졌다. '평화'라는 말을 쓰는 인간은 그 당시 일본에서는 비국민으로 매도되고 있었다. 아무리 그렇다 하더라도, 나는 갑자기 주먹을 휘두른 것에 대해서 화가 치밀었다. 그때 나는 주먹이라면 결코 약하지 않다고 자부하고 있었다. 그리고 불의를 보면 참지 못했다. 나는 벌떡 몸을 일으켜 세워 주먹을 휘두른 경찰관을 사정없이 걷어찼다.

"어이쿠!" 이번에는 경찰관이 바닥에 주저앉았다. 그러자 나머지 헌병과 다른 경찰관들이 한꺼번에 내게 덤벼들었다. 바로 이때였다.

"기다려!"

나와 함께 끌려왔던 학생이 앞으로 나서며 크게 소리쳤다. 그 바람에 경찰관들이 멈칫했다. 나도 대항하려는 자세를 취하고 있다가 그를 보았다. 그는 우리를 쏘아보며 힘있는 소리를 토해냈다.

"우리는 서로 말이 통할 수 있는 젊은이들이 아닌가! 그런데 왜 말에 앞서 폭력을 휘둘러야 하는가!……."

전쟁중에 헌병이나 경찰의 존재는 무서웠다. 죄가 없는 사람이라도 때리고 고문하고 감옥에 처넣는 것을 예사로 했다. 그런 사람들을 향해 그처럼 말을 했던 것이다. 그의 말에는 요술과 같은 설득력이 있었다. 처음에는 입을 다물고 있던 헌병과 경찰관들이 눈물을 흘리며 그와 악수를 하였다.

나는 아연하였다. 그에게 그 순간 완전히 매료되어 버렸다.

이렇게도 훌륭한 인간이 같은 세대에 있었구나 하고 감탄했다.

그는 크리스천은 아니었으나 성서를 삶의 기초로 삼고 있었다. 그렇게 그를 친구로 얻음으로써 나는 그때까지 알지 못했던 성서의 존재를 알고 종교를 몸 가까이 느끼게 되었다.

그로부터 얼마 가지 않아 종전이 되었다. 그리고 2년 후 우연하게도 크리스마스 밤에 급성 결핵으로 인하여 그는 내가 읽는 성서를 들으면서 승천하였다. 내게 있어서 위대한 벗이며, 오늘의 내 삶에 그만큼 깊은 영향을 준 인간은 없다. 환영(幻影)의 벗이다.

나는 그와 마찬가지로 크리스천은 아니지만 불전이나 성서는 잘 읽는다. 만일 그를 만나지 못했더라면 나는 마음의 세계를 아는 일이 없이 반생을 지냈으리라고 생각한다.

친구라고 말할 수 있는 사람이 있는가?

옛부터 곤란한 때에 와주는 게 참다운 친구라고 말한다. 나는 이 말을 진리라고 믿는다. 50세 때 나는 갑자기 병이 나 입원하고 생사의 경계선을 왔다갔다 하는 대수술을 받았다. 내 입장으로 보아 입원한 사실이 알려지면 각 신문사나 잡지사에서 취재를 하러 와서 여러 가지 귀찮은 일이 일어나기 때문에 병원과 근무처와 짜고 엄중히 보도를 통제했다. 친구들에게도 일체 알리지 않았다.

그러나 어디선가 정보가 누설되어 3주간쯤부터 문병객이 조금씩 오기 시작했다.

퇴원하고 1년이 지난 다음 국민학교 동창회에 참석하였다. 2년마다 열고 있는 동창회였지만, 분주한 나는 한 번도 참석하

지 못했었다. 그러나 병을 앓은 일도 있어, 어렸을 적의 친구
들을 보는 것도 이 생애에서 마지막이 될지도 모른다고 생각하
고 참석한 것이었다. 거기서 나는 모두에게 야단을 맞았다. 입
원한 일을 알리지 않았기 때문이었다. 그 중에는 눈물까지 흘
려준 여성도 있었다. 나는 기뻤다. 국민학교를 나온 지 40년이
나 가까이 되었는데, 여기에 이렇게 많은 친구들이 있어 주었
는가 하고 감동하였다. 이 친구들 때문에라도 나는 더 살지 않
으면 안 된다고 마음으로 굳게 맹세하였다.

왜 20대까지의 친구가 일생의 벗일까. 한 마디로 말하면 서
로가 순수하기 때문이다. 이해나 타산이 없고 솔직하게 교제할
수가 있기 때문이다. 솔직하다고 하는 것은 인간의 마음가짐
중에서 극히 중요한 것이다. 솔직하지 않으면 뻗어갈 재능도
뻗지 못하는 경우가 있다. 하물며 급우 관계는 서로에게 솔직
히 이야기를 묻고 들을 수 있기 때문에 친구로서 존재할 수 있
는 것이다.

슬픈 일이지만, 인간은 성장함에 따라서 공명과 이해에 따라
순수하지 않게 된다. 어렸을 때 갓난아이처럼 순백하던 마음이
각양각색으로 부풀어간다. 그리고 30대를 지나면 이제 고정된
색이 되어 버린다. 그러면 이미 색을 바꾸어 칠할 수는 없다.
억지로 겉면에 칠하려고 하면 곧 벗겨져 버린다.

그렇기 때문에 친구라고 부를 만한 사람은 적다. 있다고 해
도 한 사람이나 두 사람 정도일 것이다. 그것은 남자가 되든 여
자가 되든 좋은 것이다. 자기 마음의 지주가 되기도 하고 고통
스러운 때에 그 사람의 면모를 눈에 그리면 살 용기가 솟아오
르는 사람이면 되는 것이다.

경우에 따라서는 당신 한 사람이 그 사람을 친구라고 생각해

도 좋다. 상대는 그렇게까지는 생각지 않고 있어도 당신 한 사람이 믿고 있으면 친구는 친구인 것이다. 인간은 자기 혼자 믿고 있는 한 무엇을, 또 누구를 믿고 있든 상관없는 것이다.

좋은 친구를 찾아내는 일, 그것은 20대의 인간이 목숨을 내걸고 해야 할 일이다. 20대가 지난 후에는 없는 것이다. 인간은 자기가 들어간 관 뚜껑을 덮을 때까지는 알 수 없다. 최후의 승부는 자기의 장례식에 몇 사람이 와주느냐인데, 그 중에서도 자기를 위해 울어주는 사람이 있느냐, 없느냐 이다.

⑳
대학을 레저랜드로 하지 말아라

20대에 대학에서 충실하게
자기 공부를 해온 인간은 확실히 사회에
나와서도 강하다. 특히 조직 속에서 뛰어나다.
더구나 그 힘은 언제까지나 지속된다.
젊었을 때 축적하였기
때문이다.

대학은 무엇을 하는 곳인가

중학생이나 고등학생, 그리고 대학생으로 사는 시절은 눈이 부시도록 젊은 시절이다. 또한 인생의 황금기이면서 나머지 인생을 위한 충전기이다.

인간이 나이를 먹게 되면 아쉬운 것은 감동이나 로맨티시즘이 날로 엷어지는 일이다. 몸과 마음의 반응이 놀랄 만큼 둔감해지는 것이다. 감동이나 로맨티시즘을 잃어버린 사람들은 누구나 젊은 시절의 그 감동을 오늘에 되돌릴 수만 있다면 얼마나 좋을까 하고 생각한다.

그 젊은 시절의 대부분을 학교에서 지내게 된다. 인간이 30대, 40대, 50대가 되어 사물을 생각할 때, 사물에 대해 느끼는 최고의 감동이 어느 시기에 있었는가를 돌이켜 봤을 때, 반드시 그것은 20세 전후의 젊은 시절에 있었다는 것을 알 수 있다.

그렇기 때문에 대학은 세상 풍정에 흔들리지 않는 의연한 권위와 태도를 가지고 있어야 한다. 대학이 대학으로서의 존재 목적을 가질 수 있는 것은 전적으로 학교 당국과 교수들, 그리고 학생들의 마음가짐에 달려 있다.

학생의 본분은 어디까지나 공부에 있다. 학생은 학문에 대한 동경이 있어야 한다. 학문 연구에 혼심의 힘을 다해야 한다.

그런데 요즈음 많은 대학생들은 학문 연구는 뒷전에 제쳐두고 노는 것에 젊음을 발산하고 있다. 특히 문과계 학생은 무엇을 대학에서 공부하고 있는가 말이다. 나는 질려버릴 정도다.

대체 대학은 무엇을 하는 곳인가를 잘 모르고 있는 것은 아닐까. 내가 아깝다고 생각하는 것은 대학에서 살다시피 하는 20세 전후의 청춘기가 인생의 최대 충전기인데 그것을 분간하지 못하고 놀고만 있다고 하는 것이다. 어떻게든 여자아이에게 인기를 끌기 위해 쓸데없는 노력만 하고 있는 남학생이 얼마나 많은가.

세상이 평화스러우면 여자의 문화만이 성장한다. 여자의 문화라고 하면 먼저 입는 것이다. 그것이 남자에게도 영향을 주어 같은 모양의 멋을 부리고 있는 20대 남자가 가득 차 있다. 젊은 사내가 머리 모양이다, 복장이다 하여 열심히 관심을 갖기 시작하면 이제 두뇌의 진보는 그치고 만다.

나는 학력 무용론자이며, 나 자신의 약력을 직접 내가 쓸 때는 취직한 후부터밖에 쓰지 않는다. 그렇기 때문에 대학을 일류라든가 이류라든가로 구분하는 것은 전혀 좋아하지 않는다. 그러나 대학축제 같은 때에 초대받아 가면 이류 이하의 대학 학생들은 거의가 머리모양이나 복장이 화려한데 반해 일류 국립대학에 가면 대부분 시원한 머리로 복장도 화려하지 않다.

실로 신기한 일이다. 그러면서도 눈빛은 이 시원한 머리를 한 일류대생들이 훨씬 빛나고 있다.

대학도 대학나름이다. 학생들의 자세에 따라 교수들의 자세도 변한다. 학생들이 눈에 불을 켜고 학문 탐구에 열을 올리면 교수들은 바싹 긴장할 수밖에 없다. 그러나 학생들이 학문 탐구 이외의 것에 관심을 쏟고 있으면 교수들은 한없이 편하다. 그런 대학에서는 늘 휴강하고 있는 교수가 있는데, 가르쳐보았자 우리 학생들은 별 수가 없다고 생각하고 있는지 부지런히 자기만의 일에 정성을 쏟고 있다.

대학이란 자기가 공부하는 곳이다. 교수와 조교수는 연구를 위한 지도를 해주는 사람인 것이다. 그것이 고교까지와의 다른 점인데, 중요한 것은 자립심이다.

나는 구제 고교·구제 대학이지만 어느 학교나 꼴찌로 졸업하였다. 이것은 울트라 시(체조 경기에서 최고 득점 기준인 C의 기술보다 더 어려운 몸틀기나 선회(旋回)) 등의 기술이다. 국민학교를 마칠 때까지는 뛰어난 성적이었는데 중학교에 들어갔을 때 생각하는 바가 있어 학교 성적은 낙제하지 않을 정도로 해두면 된다고 결심하였다. 그밖에 할 일이 많이 있었다. 중학교 시절에는 수영에 몰두하고 교지(校誌)에 소설이나 시를 투고하고 스스로 편집하였다. 전쟁중이었으므로 수업이 제대로 진행되지 않아서 고등학교에서는 자치기숙사의 위원장을 역임하며 600명의 학생 위에 보스로서 군림하고 오직 책을 읽었다. 페이지를 넘기는 소리만이 오직 하나의 소리라고 표현하고 싶은 그런 생활이었다. 나는 잘못투성이인 내 인생 중에서 고교와 대학만은 정확히 선택했다고 생각한다.

1시간을 놀기 위해서는 그 이상의 공부를 해두어라

　다른 학생은 어쨌든간에, 당신만은 대학을 레저랜드로 하지 말아라. 내 경험으로 봐도 사회인이 되면 독서량이 말할 수 없이 줄어든다. 생각하는 것은 조직을 통한 일뿐이며, 자기는 어딘가에 흘러가 버린다. 대학이 끝나면 독서도 공부도 이별이다. 독서나 공부를 하지 않는 생활을 부럽다고 생각하지 말아라. 그렇게 생각했을 때 구원할 수 없는 타락이 시작되고만다. 이 말은 단지 책을 읽는다든가 공부를 한다고 하는 그런 표면적인 일만을 뜻하는 것은 아니다. 거기에서 파생되어 나오는 미지의 세계로의 도전이라든가 지식을 얻는 기쁨, 혹은 인내 등 인간에게 좋은 성격을 형성시켜 주는 것들이 몸에서 떨어져버리는 것이다.

　이과대를 비롯하여 의과대나 공과대는 공부를 하는 것 같다. 나는 의사가 세제상(税制上)의 우대를 받고 있는 것을 그전부터 변호하고 있다. 학창시절에 그만큼 공부하면 사회에 나와서 좋은 보상이 당연히 있어야 한다는 것이 나의 최대 논거(論據)이다.

　문과계에서도 사법 시험이나 그밖에 뭔가의 자격을 따려고 분발하고 있는 학생들은 있으나 이것은 극히 소수인 것 같다. 가장 경멸해야 할 것은 아르바이트하는 데에 정성을 들이고, 여자 친구를 차에 태워 달리는 것밖에 머리를 쓰지 않는 학생이다. 나는 이런 학생들을 보면 무엇을 위한 청춘이냐고 말하고 싶어진다. 이런 젊은이에게는 학비를 할애해 줄 필요가 없다. 그 돈은 성실히 일하고 있는 근로 청소년에게 주는 편이 오히려 세상을 위하는 일이 된다.

　20대에 대학에서 충실하게 자기 공부를 해온 사람은 확실히 사회에 나아가서도 강하다. 특히 조직 속에서 뛰어나다. 더군다나 그 힘은 언제까지나 지속된다. 젊었을 적에 축적하였기 때문이다. 이런 사람은 놀기만 해온 학생과는 달리 세상에 숙달되어 있지 않다. 그렇기 때문에 신인으로서 출발한 시점에서는 일에 대한 심한 요령이 없고, 유치하며, 교제할 줄도 모르고, 여성을 다루는 방법도 전혀 모른다. 그러나 1년만 지나면 차츰 실력을 발휘하기 시작하여 다른 사람으로부터 신용을 받게 된다. 또한 바의 호스테스에게는 인기가 없지만 참다운 눈이 있는 아가씨로부터는 사랑을 받게 된다.

　곤란한 것은 20대의 가치, 청춘의 진가는 젊은 시절에는 모른다는 것이다. 이것은 신이 인간에게 준 잔혹(殘酷)함 중의 하나다. 언뜻 보기에는 차를 타고 돌아다니며 여자 친구와 희희낙락하며 떠들고 있는 20대가 청춘을 풍부하고 즐겁게 지내고 있는 것처럼 생각되기도 할 것이다. 또 청춘시절의 육체는 생리현상으로써 본능적으로 놀고 싶은 충동이 많다. 이것은 놀지 말라고 말하고 있는 것은 아니다. 1시간 놀기 위해서는 1시간 이상의 공부를 해두라고 말하고 있는 것이다. 이 효과가 현실이 되어 당신에게 닥쳐오는 것은 40대가 되어서부터다. 지금 당신에게는 정신이 아찔할 것 같은 머나먼 시간이겠지만 20대가 지난 후부터의 인생은 무서울 만큼 빨리 지나간다.

제 3 장

이런 20대가 미래의
주역이 된다

✳

예절 바른 사람이 사랑과 존경을 받는다.
아무리 능력이 뛰어나도 예절을 모르는 사람은
필연코 배척을 받는다.

㉑
때로는 저돌적으로 맹진하라

희망과 소원이
달성된다면 인생은 대단한 것이다.
바늘로 찌른 구멍 정도밖에 달성하지 못하는
것이 인생의 원칙적인 유형이라고 생각하면 좋다.
그렇다면 젊은 20대에
저돌적으로 맹진하여 자기 자신에 대하여 운명을 걸고
단판 씨름의 대승부에 도전해 보는 것도
흥미있는 일이 아니겠는가.

'여자의 썩은 것'과 '남자의 썩은 것'

매년 신입사원이 갈수록 온순해진다는 말은 기업 규모의 대소를 불문하고 어느 기업에서나 듣는 말이다. 무리도 아닌게, 어렸을 적부터 오직 시험에 쫓겨 참고서를 읽는 것이 고작이며, 더군다나 세상이 평화스러우면 여성을 위한 문화만이 진보되기 때문에 그 영향을 받아 남자가 점점 아름답게 되어 버린 것이다. 고교생 정도가 되면 헤어스타일이 어떻다느니, 입는 것이 어떻다느니 하고 말한다. 이런 것은 옛부터 여자가 마음을 쓰고 있던 일이다.

외국에 갔다 오면 놀라는 게 대학생이 학교에 가는 데 입고 갈 옷을 걱정하는 일 등이다. 이런 대학생은 일본과 한국뿐이다. 다른 나라에서는 전쟁 전의 일본처럼 남자나 여자나 깨끗하고 검소한 복장을 하고 있는데, 일본과 한국의 이류 이하

의 사립대학에 가면 남학생은 한결같이 머리에 신경쓰고, 남자
나 여자나 유행에 민감하다. 그렇게 외모를 꾸미는 것에 반하
여 공부를 하거나 책을 읽는 학생은 보기 힘들다. 어느 것이 되
었든 뭐든지 풍부한 미국에도, 또 모두가 유행의 첨단이라고
말하고 있는 파리에서도 이러한 현상은 볼 수 없다.

옛날에는 여자의 행동이 바르지 못하면 '여자의 썩은 것'이
라고 하는, 별안간 무엇엔가 얻어맞은 듯한 충격을 주는 비꼬
는 말이 있었다. 그러나 지금은 여자들 사이에서 '남자의 썩은
것'이라고 하는 말이 있는 모양이다. 태도가 뚜렷하지 않은 약
한 상황을 보였을 때 퍼붓는 말이라는 것이다.

한심하지 않은가. 이것이 농담이라면 좋지만 만일 정말로 그
렇게 되어 버린다면 남자는 어디서 남자답게 살 수 있을까.

여자는 절대로 하지 못하는 일을 해내기 때문에 남자에게 여
자가 반한다. 또한 남자에게는 없는 자상한 마음 씀씀이 때문
에 여자는 남자에게 사랑을 받는다. 이것은 어떤 시대에도 결
코 변하는 일이 없는 원칙이었던 것이다. 남자는 밖에 나가면
일곱 명의 적이 있다고 한다. 매일을 적과―아마도 자기 마음
속에 있는 적도 포함하였겠지만―처절한 싸움을 함으로써 남
자는 성장해 가는 것이다. 그리고 싸움 속에서 얻는 친구가
참다운 친구였다.

때로는 저돌적으로 전진하는 용기가 필요하다. 그렇다고 하
여 차를 마구 달리는 식의 어리석기 그지없는 일에 만용을 부
리라는 말이 아니다. 어디까지나 자기 정신의 향상을 위해 오
직 정면으로 목적에 돌진하는 용기가 필요한 것이다. 이런 용
기는, 물론 예외적인 인물도 있겠지만, 20대를 최후로 하는 것
이다.

전쟁이나 스포츠도 그렇다. 힘이 분명히 차이가 나면 어쩔수 없다. 그러나 엇비슷하다면 물론이고 4 : 6 정도라면 한번 힘을 합하여 부딪쳐가는 편이 형세를 타고 승리하는 경우가 많다.

남자는 내적인 충실을 구한다

풍요로운 환경 속에서 자기를 기아 상태로 방치해 두는 것은 극히 어려운 일이다. 남같이 살 수 있다면 좋다는 작은 만족감은 자칫하면 발을 잡아당겨 결심을 둔하게 한다. 그러나 남과는 다른 생활을 해보겠다고 생각하는 점에 인간의 중요한 가치가 있는 것이다.

여자의 경우에는 그것이 미추(美醜)의 비교라든가 남편의 직함, 입고 있는 것 등 외형적인 모양으로 표현하고 싶어한다. 그러나 남자의 가치는 어디까지나 내적인 마음의 충실감이다.

내가 20대였을 때는 실존주의라고 하는 철학이 유행하였다. 간단히 말하면 하나의 목적을 향해서 나아가려고 할 때 인간은 그것이 반드시 가능할는지 어떤는지에 대하여 불안을 갖는다. 그 불안은 단순히 염려하기 보다 오히려 이래서 좋을는지 어떤는지 하는 전진을 포함한 불안이다. 그리고 하나의 만족을 느끼며 자기가 확실히 존재하고 있다는 것을 자각하는데, 그것은 동시에 또 다음의 불안을 만든다. 그리고 또 벽에 부딪치고 이것을 넘어간다고 하는 생각이다.

세계대전이 끝난 직후였다. 사람들 사이에서 이제부터의 세상이 어느 방향으로 나아가는가에 대한 두려움을 가지고 있던 때였으므로 이런 철학이 유행했다고도 말할 수 있는데, 나는 지금도 이 생각을 마음속 어딘가에 계속 가지고 있다. 어쩌면 나는 일생 동안 이것으로 좋은가 하는 무서움에 쫓기면서 살아가는지도 모른다.

20대에 받은 정신적 영향은 언제까지나 인간을 지배해 간다. 만일 당신이 사소한 만족 속에 살아가려고 한다면 앞은 보다 더 가늘게 되어 갈 것이 틀림없다.

희망과 소망이 달성된다면 인생은 대단한 것이다. 바늘구멍 정도밖에 달성하지 못하는 것이 인생의 원칙적인 규정이라고 생각하면 된다. 그렇다면 젊은 20대에 저돌적으로 맹진하여 자기 자신에 대하여 운명을 걸고 단판 씨름의 대승부에 도전해 보는 것도 흥미있는 일이다.

㉒ 청춘은 즉 에너지인 것이다

새로운 시대를 만들자.
새로운 자기를 발견해 가려고 하는 에너지야말로
젊은이에게만 주어진 하늘의 뜻인 것이다.
이것을 사용하지 않으면 손해다.
무엇인가를 해보지 않으면,
청춘은 청춘이 아니다.

그 에너지를 어떻게 쓰는가

20대란 성년식을 기회로하여 자립하는 시기이다. 그런데 세상의 구조는 완전한 자립을 허용해 주지 않는다. 우선 분명한 생의 목적이 대부분의 남자에게 서 있지 않다. 학창시절에도 스포츠 선수가 되거나 의학부의 학생처럼 면학에 전념하거나, 혹은 고독을 참아가며 독서에 파묻히거나 한 사람은 있지만 이는 극히 소수이다.

대부분의 20대들은 학원에서 사회로 나오면 취직을 한다 해도 가장 하부의 조직 구성원으로서 별로 재미있는 일은 없다. 결혼해서도 젊은 아내를 안고 좋아서 어쩔 줄을 모르고 있는 것은 처음 몇 개월뿐이며, 그 후에는 타성적이 된다. 결혼을 하면 아이가 태어나게 되는데, 희망이 솟아나는 반면에 책임이 무거워진다.

내가 젊었을 무렵 전쟁이 터졌고 젊은이들은 천황의 이름 아래 싸움터에 끌려갔다. 나라를 위해 죽는 것이 최고의 삶이라고 하는 목적을 강제로 주입시켰다. 전쟁이 끝나자마자 좌우의 사상 대립이 극심했다. 그런 격변과 혼란 속에서 우리 세대는 청춘의 에너지를 소모했다.

전쟁은 불행한 것임에는 틀림없다. 그러나 지금 와서 생각해 보면, 전쟁으로 인해 우리는 청춘을 아낌없이 불사를 수 있었다. 물론 젊은 나이에 싸움터에서 죽어버린 사람들은 가엾지만, 이 사람들의 죽음을 미화할 수 있는 단 하나의 수단도 청춘의 모든 에너지를 응집(凝集)하여 적군 속에 뛰어들어간 순수함이다.

고교 야구가 인기있는 것도 역시 청춘의 힘을 완전히 발휘할 수 있는 정신에 있다. 그런데 애석한 것은 선수가 경기가 끝난 가을 하반기에는 그 위력을 몇 천만엔의 돈으로 환산하여 매매하기 때문에 쓴 환멸을 여지없이 맛보게 된다.

가장 좋지 않은 것은 에너지를 쓰는 법도 모르는 채 반쯤은 잠자면서 사는 젊은이이다. 어떻게 하면 잘 놀 수 있는가 하는 것이 요즈음의 20대를 중심으로 하는 젊은이들의 사고 속에 뿌리내리고 있다. 그러나 그러한 생활방식은 풍요가 계속되고 있는 동안은 괜찮다고 생각할는지도 모른다. 그렇다면 영국의 데이터를 생각해 보자. 대영제국이 오늘날의 조락(凋落)을 초래하게 된 것은 세계의 은행, 세계의 공장이라고 말하던 19세기에 사람들이 풍요함에 길들여져 더 이상의 번영을 도외시했기 때문이었다. 그리고 젊은이는 열심히 일하지 않게 되었다. 왜 영국은 형편없이 되었느냐고 하는 질문에 대한 대답의 80%는 영국이 게으름뱅이가 되어 버렸기 때문이라는 것이다.

실패해도 무엇인가를 할 일이다

새로운 시대를 만들자. 새로운 자기를 발견해 가려고 하는 에너지야말로 젊은이에게만 주어진 하늘의 섭리일 것이다. 이 것을 사용하지 않으면 손해다. 그 에너지를 맹렬하게 소비하고 있을 때에는 대체 자기가 어느 방향을 향하여 달리고 있는가를 모를 때가 있다. 더군다나 결과는 실패로 끝나는 일도 있다. 그것을 좌절이라고 한다. 그러나 아무것도 하지 않고 그저 머리 속에서 막연하게 생각하고 '아아, 이것은 해보았자 헛수고일 것이다'라고 생각해 버리는 것은 좌절도 아니고 아무것도 아니다. 단지 나태일 뿐이다.

무엇인가를 해보지 않으면 청춘은 청춘이 아니다. 해본다고 하면 사람을 놀라게 하는 일을 하지 않으면 안 된다고 생각하기 쉽지만 실제로는 그리 거창한 일이 아니라도 괜찮다. 꾸준히 한 페이지씩 이해하기 어려운 책을 읽어가는 것도 훌륭한 일이다.

'나는 고호(네덜란드의 화가)가 된다'고 말하고 20대에 토호 지코(棟方志功)는 상경했다. 그러나 아무리 그림을 그리고 또 그려도 어느 전람회에도 입선하지 못하였다. 그때의 고뇌를 깊이 나에게 말해 준 일이 있었는데, 지금 내 책꽂이에 꽂혀있는 《토호 지코 전집》을 보면 새삼스럽게 그의 20대의 고뇌와 세계적인 토호에 이르기까지 에너지의 무서움을 생각한다.

열심히 일하는 20대, 젊은이의 모습은 언제나 미소를 품고 바라보여진다. 청춘이라고 하는 것은 일을 해야만 청신한 모습이 되는 것이다.

㉓
마음에 가치있는 직업을 택하라

직업은
일생 일대의 대사업, 대도박이다.
단 한 번밖에 없는 인생이 이 직업으로 결정되어
버린다. 어느 것이 자기 마음에 가치가
있는가를 규명하라.

일에 대한 두 가지 견해

여자아이가 학교를 나와 할 일 없이 놀고 있어도 주위 사람들은 아무도 이상하게 여기지 않는다. 시집갈 신부 수업을 하고 있을 것이라고 생각한다. 그러나 같은 나이의 남자가 아무 일도 하지 않고 있으면 직업도 구하지 못한 형편없는 인간이라는 낙인을 찍어 버린다. 남자는 괴로운 존재인 것이다.

20대의 남자가 싫어도 맞부딪혀야 하는 것은 직업이라고 하는 대사업이다. 남자는 직업에 의하여 만들어진 부분이 많다. 그것은 마치 여자가 남자에 의해서 여자가 되고, 여자답게 여자로서 성장해 가는 면과 같다.

해부 학자에 의하면 남자의 두개골 내지 얼굴은 직업에 의해 분류할 수 있는 것 같다. 정치가에게는 턱의 뼈가 옆으로 퍼진 공통된 얼굴이 있고, 실업가는 실업가, 스포츠 선수는 스포츠

선수, 예술가는 예술가의 공통된 남자 얼굴이 있다.

그런데 여자는 직업에 의한 분류가 없을 뿐만 아니라 다른 어떤 분류 방법도 없다. 오직 하나 외모에 의한 구분 방법밖에 없다는 것이다. 그토록 직업은 남자를 만드는 것이다.

직업에 대하여 남자는 두 가지 견해를 갖는다. 그 하나는 수입이다. 유교의 영향을 받은 동양인은 돈을 천시하는 경향이 있다. 그러나 높은 수입으로 생활이 안정되고 있는 것은 인생에 있어서 극히 중요한 테마이다. 그리고 처음에는 초봉에 끌려 입사했는데, 일을 하고 있는 중에 애사 정신이 생기거나 자기가 택한 직업에서 사는 의의를 발견하거나 하는 사람이 상당히 있다. 다만 이것은 조직 속의 엘리트나 적어도 그에 가까운 사람들이다.

대부분의 샐러리맨에게는 처자를 부양하기 위해 매일, 매주, 매월, 매년 같은 일이 반복되는 일을 계속하고 있는 것이다. 원래 직업은 충분한 일을 한 그 보수로서 월급이 지불되어야 한다. 그런데 자칫하면 오직 돈을 받기 위해서만 일하고 있는 모양이 되어 버린다.

또 하나의 타입은 수입은 제쳐놓고 일을 통하여 자기를 충실히 하려고 하는 예술가적인 타입이다. 특히 풍운의 뜻을 품고 자기 실현에 애쓰는 남자는 정치가, 사업가, 예술가를 가리지 않고 돈을 도외시하는 경향이 강하다. 그들은 폭풍 속에 뛰어들어가는 기개(氣槪)를 보임으로써 자기 만족을 느낀다. 또한 그러한 모습이 사내다움을 느끼게 한다.

그런데 이런 타입은 극히 적어져 버렸다. 현대는 물질이 넘치도록 풍부하고 세상이 태평 무사하다. 또한 아르바이트 같은 자신의 아무런 책임도 없는 일을 통하여 용이하게 돈이 손에 들어오기도 한다. 이런 시대의 흐름에서는 남자도 일보다는 가정을 생각하고 또한 취미를 중심으로 인생을 설계하고 만다. 여자가 결혼에 의한 자기의 행복을 생각하고 또 어린애에 의하여 그 소원을 충족하려고 하는 태도를 닮아가고 있다. 또 그것이 높아지면 일보다도 먼저 취미나 가정을 사랑하고 일은 그것을 유지하기 위한 수단으로밖에 생각지 않게 된다.

직업으로 남자의 일생은 결정된다

부끄러운 이야기지만 나도 직업을 택함에 있어서 실로 소홀한 방법으로 택하고 말았다. 원래는 대학에 계속 남아 책을 읽고 뭔가를 쓰는 저술 생활을 할 수 있으면 하고 생각하고 있었다. 그것이 마음속에서 확고히 굳어지지 않는 사이에 졸업기가 왔다. 그리고 아주 우연히 중학 시절의 친구와 방송국 앞에서 마주쳤다. 그 친구가 이 방송국에 응시한다고 하여 나도 덩달아 입사 원서를 냈는데, 합격되고 말았다. 흡사 지나가다 가게에서 물건을 산 것 같은 느낌이었다.

나는 그 당시 방송의 구조도 모르고 조직이란 어떤 모양으로 되어 있는지도 이해하지 못하고 있었다. 아나운서라는 일이 어떤 일을 하는 것인지도 전혀 생각지 않고 들어갔던 것인데, 그후 20년간 나는 악전 고투하였다. 직업을 선택함에 있어서 적당한 태도에 대한 당연한 보복을 된통 받았던 것이다.

어느 것이 되었던 직업은 남자에게 있어서 일생일대의 대사업이며 대도박이다. 오직 한 번밖에 없는 인생이 이것으로 결정되어 버리는 것이다. 극단적인 견해를 말하면 연애라든가 결혼이라든가 하는 것은 인생의 일부에 지나지 않는다. 그러나

직업은 인생의 전부라고 해도 과언이 아니다. 어느 것이 자기
마음에 가치있는 직업인가를 똑똑히 분별하는 일이 중요하다.

작은 일들이 끊임없이 가장 중요하다는 것이 오래도록 나의 좌우명이 되어 있다.
－코난 도일－

신인은 최하층임을 자각하라

최하층이라고
하는 것은 가장 혹사당하는 인간인
것이다. 젊었을 때에 혹사당하는 사람일수록
성장이 빠르다. 신인의 사전에는 '노'라는 말은 없다
일을 시키면 기뻐하며
열심히 하라.

20대는 인격의 기본을 만들 때다

현대에는 학창시절에 아르바이트라는 등 전혀 자신의 책임이 없는 일을 하여 막대한 돈을 받을 수 있다. 그 때문인지 입사식에 참석해서도 감격하지 않는 젊은이가 많다. 입사식 날에 나타난 옷차림을 보고 회사측은 골치를 앓는 경우가 있다. 아직 학생다운 분위기가 남아 있는 사람은 좋으나 유행의 첨단을 가는 것 같은 특출한 복장을 하고 오는 사람이 많기 때문이다. 이들은 이제까지의 경험으로 보아 대개는 별로 오래 근무하지 않는다. 이것은 남자보다 여성에게 많다. 채용시에는 수수한 복장이었는데, 입사할 때까지의 수습 기간인 반 년 사이에 여자로 성장해 버려 머리나 손톱을 빨갛게 물들이고 온다. 이런 여성들은 오래가야 1년도 근무하지 않는다는 것이다.

신입 사원이 해야 할 일은 무엇인가. 그것은 첫째가 인사다.

신출내기는 회사에서나 성인 사회에서나 최하층의 사람인 것이다. 선배들에게 오직 인사를 하는 일이다.

샐러리맨은 고객이 뭔가 사줌으로써 살아가는 상인이다. 상인이 지켜야 할 도리의 첫째는 손님보다 깊이 머리를 숙이며, 결코 손님보다 먼저 머리를 숙이며, 결코 손님보다 먼저 머리를 올려서는 안 된다는 엄격한 인사법을 몸에 익히는 일이다. 그것이 회사라고 하는 이름의 조직을 지탱하는 기본 룰이다. 인사를 기억하는 일이 신입사원이 해야 할 최초의 일이며, 그것은 동시에 당신이 장래 사장이 되어서도 알고 있지 않으면 안 되는 조건인 것이다.

당신이 아침에 회사로 출근한 때에 거기에는 수위도 있고 청소하는 아주머니도 있으며, 접수계의 아가씨도 있고, 가이드맨이 있는 곳도 있을 것이다. 그러한 사람에게도 "안녕하십니까?" 하고 소리를 내어 머리를 숙이는 것이 신입사원인 것이다. 그러면 반 년쯤 지나는 동안에 이런 사람들에게도 깊은 인상을 주는 인간이 된다. 자기는 인사를 했는데 상대는 하지 않았다. 그러므로 집어치웠다고 하는 것은 말도 안 된다. 자기만은 반드시 해둘 일이다. 그렇게 하면 언젠가 상대도 해주게 되는 것이다.

마음을 열고 상대에게 가까이 가는 것이 인사다. 그런 마음가짐을 몸에 익히는 것은 20대가 마지막이다. 청춘이란 즐기는 것과 동시에 일생 동안의 인격의 기본을 만들기 위한 최후의 준비기간이라는 것도 확실하다. 청춘의 유연한 정신 속에 어느 누구의 마음이라도 받아들이는 수단인 인사를 제대로 몸에 익혀두는 것은 청춘을 자랑스런 것으로 하는 데 틀림이 없는 방법인 것이다.

혹사당해도 기뻐하며 일하라

최하층이라고 하는 것은 가장 혹사당하는 인간이다. 젊었을 때에 혹사당하는 인간일수록 성장이 빠르다. 분수에 맞게 일할 일이다. 나폴레옹의 사전에 불가능이란 문자가 없듯 신출내기의 사전에 '노'는 없다. 아무리 육체적, 정신적으로 피로해 있어도 다음에 할 일을 명령받으면 즉석에서 "네."라고 대답하고 기뻐하며 할 일이다.

사용되기 쉬운 인간은 장래 남을 부릴 줄 아는 인간이 된다. 영웅과 위인 중에는 한 사람도 게으른 자가 없다. 그들은 세계 역사를 바꾸어 놓을 만한 큰일을 하고 있으므로 작은 일은 잘 못할 것이라고 생각한다면 큰 잘못이다. 그들에게 공통된 것은 평소에도 집안일을 잘 처리하는 명인이라는 사실이다.

그것은 정치상의 인물 뿐만 아니라 학문과 예술 분야에서도 마찬가지이다. 어쨌든 한층 눈에 띄는 일을 이룩한 인물은 모두가 다 젊은 시절에 남들보다 몇 배나 일하거나 공부한 사람들뿐이다. 이 세상에서 성공하는 방법은 노력하는 것 이외는 없다.

일한다는 것은 문자 그대로 인간이 움직인다는 것이다. 전화가 걸려와도 멍하니 보고만 있는 신입사원이 있는가 하면 방의 구석까지 달려가 전화에 뛰어드는 사람도 있다. 여기에서 승부가 결정되는 것이다. 학창시절과는 달리 노력·근면·꼼꼼한 성격·신뢰·명랑 등이라고 하는, 점수로 표현되지 않은 재능으로 살아가는 것이 직업 사회이다. 결과로써의 성적은 승급·승직이라고 하는 구체적인 형태로 나타난다. 우물쭈물하고 있으면 살아가지 못하는 것이 직업 사회이다.

최하층인 것은 동시에 어떤 것에도 물들어 있지 않은 눈을 가지고 있는 인간이기도 하다. 1년이 지나고 2년이 지나는 동안에 샐러리맨은 어느새 그 회사에 물들어간다. 선배들이 해온 틀 속으로 의식하든 의식하지 않든 관계없이 끼어들게 된다. 신입사원으로서 유리한 것은 신입사원이기 때문에 실패가 허용된다는 것이다. 선배에게서 배운 전포의 기장법이 과연 합리적인가 어떤가를 두려워하지 않고 말할 수 있는 것은 신출내기인 것이다. 연수가 조금 지나면 그런 것을 알아차리지 못하는 인간이 대부분을 차지하고 월급받는 만큼 일하면 된다는 심리로 떨어진다.

언제나 신입사원과 같은 새로운 눈으로 조직을 응시할 수 있는 인간에게는 항상 새로운 일이 돌아온다. 회사는 언제나 신입사원의 신선한 눈을 기대하고 있다는 것을 잊지 말기를 바란다.

㉕
15분 전에 출근하도록 하라

신입사원은 모름지기
늦는 것이 아니다. 일찍 출근하라.
정각 15분 전에는 반드시 출근할 일이다.
될 수 있다면 20분이나 30분이라도 일찍 출근한다.
그리고 남보다 많은 일을 한다. 사내로서
가장 수치인 것은 우둔한 인간이라고
하는 낙인이 찍히는
것이다.

왜 일찍 출근하는가

옛부터 전해 내려오는 말로써, 샐러리맨의 일면을 날카롭게 찌른 말로 '지각하지 않고, 쉬지 않고, 놀지 않는다.'라는 것이 있다. 이것은 평범한 말이기는 하지만 정년이 되는 날까지 투박하게 일해 가는 방법이라고 생각하는 것 같다.

확실히 그대로다. '지각하지 않고, 쉬지 않고'라는 것은 신용을 얻는 최선의 수단이다. 학창시절에는 지각하든지 놀든지 피해를 받는 것은 학생 자신이다. 지각한 시간만큼 수업을 따라가지 않으면 남 이하가 되는데, 지각한다고 해도 학교로서는 아프지도 가렵지도 않는 것이다. 또 본인도 나중에 친구의 노트를 빌어 베껴놓으면 대개는 그것으로 임시 변통이 된다.

그러나 조직은 그렇게는 되지 않는다. 무단으로 지각이나 결근을 하면 조직은 서둘러 그 빈 자리를 다른 사람으로 메꾸지 않으면 안 된다. 근대 조직에 있어서 필요한 것은 시간을 어떻게 잘 관리해 나갈 것인가 하는 것이다. 9시에 거래처의 단골 고객과 만날 약속이 되어 있고, 그 손님이 정각에 나왔다. 그런데 정작 그 일을 해야 할 사원이 5분이나 늦게 나오면 그 회사는 신용을 잃게 된다. 그리고 그 때문에 성사될 수 있는 일도 성사되지 못하게 하는 경우도 있다.

관청이든 회사이든 조직은 점원을 완전히 채운 상태에서 일하고 있다. 관청에서는 사람이 남아돌아가는 것처럼 많아 보이지만, 관청 사람들의 말을 들어보면 아침에는 정각에 나가고 저녁에는 몇 시가 될지 모른다고 한다. 여성의 캐리어가 생기지 않는다는 것도 여기에 있는 것이 아니냐고까지 단언한다.

신입사원이 선배로부터 테스트를 받는 것은 이 사람에게 하고자 하는 마음이 있느냐 없느냐이다. 요는 목부터 아래가 튼튼해야 한다는 것이 선결 문제이다. 머리만 좋아도 몸이 일을 따라갈 수 없다든가, 혹은 어떤 일에 보통 사람 이상의 에너지를 발휘해 주지 않으면 이 사람은 하고자 하는 마음이 없다고 인정되어 버린다.

'지각하지 않고, 쉬지 않는다'고 하는 것은 소극적인 표현이다. 그러므로 어쩐지 이상한 점이 있다. 신입사원은 모름지기 '지각하지 않고'가 아니라 '일찍 나간다'이다. 정각 15분 전에는 반드시 출근하지 않으면 안 된다. 할 수 있으면 20분이나 30분이라도 일찍 나간다. 처음부터 가까스로 시간에 맞춰 달려가는 사람은 완전한 월급쟁이가 되지 못한다.

15분 전에 가서 무엇을 하느냐면 청소다. 신입사원으로서 잊어서는 안 되는 것이 걸레이다. 그것으로 자기 책상은 물론이고 과장을 비롯하여 모든 선배의 책상을 닦는다. 서류 같은 것은 될 수 있는 대로 손이 닿지 않도록 하고 깨끗이 닦는다. 슬리퍼를 아무렇게나 벗어 놓은 것이 있으면 제대로 가지런히 맞추어 놓는다. 꽃병의 물도 갈아준다. 재털이도 비워둔다.

게다가 그런 일을 하고도 모르는 체하고 있지 않으면 안 된다. '매일 아침 내가 하고 있습니다.'하고 시시한 말을 하는 것이 아니다. 선행이란 어느새 주위 사람들의 입에 올라야만이 비로소 가치를 발생시키는 것이다. 반면에 자기 자신이 말을 퍼뜨리면 한푼의 가치도 없게 되는 것이다.

전차가 고장이 나서라든가 버스가 교통 체증에 걸려서라든가의 이유는 말이 안 된다. 오늘날의 교통 현실을 생각할 때 무고장, 무체증은 있을 수 없다. 근무처까지의 길을 저것이 안 되면 이것으로 한다는 두서너 개쯤의 대비책은 준비해 두고 그 시간을 제대로 계산해 두는 것이 신입사원의 상식이다.

조금 과하게 기세를 올렸다고 하는 정도가 마침 좋다

러시아에 취재하러 갔을 때 들은 이야기이다. 스탈린 시대의 직장 규율은 실로 엄중했다. 직장에 세 번 늦으면 시베리아로 송환되었던 것이다.

세계의 어디를 가도 지각에 대한 조직의 보복은 엄하다. 출근 시간에서 1초만 지나도 출입문을 통제하는 회사도 있다. 또한 지각을 세 번하면 하루 결근으로 잡고, 그런 결근이 세 번이면 사직을 권고하는 회사도 있다.

성의 해방을 말하고 있어도 역시 신부에게는 순결이 절대적인 가치로 남는 것과 같이 신출내기는 언제나 한결같은 사람이 애호를 받는다. 그리고 생쥐처럼 부지런히 일하는 사람이 좋은 것이다. 변명이나 이유를 말하는 것은 두 번째, 세 번째이다.

'쉬지 않고' 하는 것은 결근을 가리키는 것이 아니라 쉬지 않고 일하는 것을 말한다. 신입사원인 주제에 조금 틈이라도 생기면 담배를 태우거나, 또는 일하는 도중에서 차를 마시러 가는 사람도 있는데 이것은 어이없는 일이다. 그럴 틈이 있으면 거래처의 전화번호를 외우거나 정리하는 등 무엇이든 좋으니 자기 스스로 일을 찾아내야 할 것이다. 멍청하게 선배의 얼굴을 쳐다보고 있는 신입사원만큼 믿음성이 없는 것은 다시 없는 것이다.

남자로서 가장 수치스런 것은 저녀석은 우둔한 인간이라고 하는 낙인이 찍혀버리는 것이다. 느림보만큼 조직으로서도 귀찮은 인간은 없다. '병사는 졸속(拙速)을 귀히 여긴다'는 말과 같이 다소 체제가 갖추워지지 않아도 단숨에 부딪쳐가는 자세가 중요하다. 대기만성형의 사람이라는 말도 그런 의미인 것이다. 무턱대고 남의 뒤에 훨씬 뒤처져 따라가면 골에 도착하기 전에 쫓겨나기 마련이다.

그리고 남보다 일을 많이 하기 위해서도 아침에 적어도 15분 일찍 출근하여 남이 하지 않는 일을 하려고 노력하지 않으면 안 된다. 샐러리맨은 주어진 일만 하면 된다고 이해하고 있는 사람이 있는데, 그만큼의 일밖에 하지 못하는 사람과 항상 새로운 일을 선취하며 해나가는 인간과는 인생의 즐거움이 몇 배나 달라져 버린다. 너무 기세를 올린다고 선배로부터 놀림을 받을 정도가 마침 좋다. 어쨌든 부지런히 일하여 남의 눈에 띄는 것이 선결문제이다.

㉖
노는 것에 정신팔지 말아라

놀지 말고 일을 하라.
그것이 젊은이의 철칙이다.
틀림없는 인생을 보내려고 생각한다면
이 철칙을 젊었을 때부터 지켜나가야 한다.
그 정도로 생각하고 있어야 플러스 마이너스 제로가 된다.
놀기 싫어도 때때로 놀자는 유혹의
손을 뻗쳐온다. 그러나 타인으로부터 저녀석은 노는
사람이라는 낙인이 찍혀서는
안 된다.

'노는 시대'로 흘러갈 위험

대학 출신의 신입사원이 회사의 전화로 고향에 전화를 걸고 있었다.

"어머니, 나 용돈이 떨어졌어요."

다음날, 어머니가 열차를 타고 돈을 가지고 왔다. 사원 전체가 크게 놀랐다. 이것은 실화이며, 더구나 이런 일들이 상당히 많다는 이야기다.

같은 시기의 의식 있는 젊은이라면 이 사람을 경멸하길 바란다. 그러나 이 '여자의 썩은 것' 같은 20대가 있으며, 유감스럽게도 이런 행동에 아무런 조소도 느끼지 않는 20대의 남자가 있다는 것도 사실이다.

동서 고금을 불문하고 소위 부호라고 하는 집의 가훈을 보면 젊었을 때 놀아서는 안 된다는 항목은 공통적이다. 일본의 미

쓰이(三井)가(家)에서도 만일 노는 남자가 있으면 모두가 주의하고 훈계하라고 써 있다. 노는 것은, 즉 몸을 망친다.

지금은 세상 전체가 일하는 것보다 노는 쪽에 중점을 두고 흐르고 있다. 일본인은 지나치게 일했다고 비난되고 있지만, 이런 작은 섬나라에서 많은 사람이 살고 있으므로 일하지 않고서는 먹고 살아갈 수 없는 것이 당연하다.

일도 잘하고 놀기도 잘하는 사람은 그리 흔하지 않다

규모의 대중소를 불문하고 지금 어느 조직에서도 신입사원에게 먼저 가르치지 않으면 안 되는 것은 '일하는 것이란 어떤 것이냐' 하는 것이라고 한다.

근무하면 돈이 들어온다. 돈이 들어오면 논다고 하는 논리가 우선하고 만다. 그래서 회사를 위해 일하자고 하는 마음을 일으키게 하는 방법을 찾는 데 골몰하고 있다.

채찍은 없다. 그러나 사탕도 없다. 일하지도 않고 사탕을 받으려고 한다면 조직은 그만큼 후하지 않다. 대부분의 여자는 직업에 일생을 걸지 않는다. 결혼을 하면 직장을 그만두는 것이 일반적인 경향이다. 그렇기 때문에 자신의 일에 프로 정신이 결여되어 있다. 여자들의 생리가 그러하기에 조직에서도 처음부터 여자의 노동을 소모품으로 계산하고 있다. 결혼할 때까지만이라도 열심히 해주면 좋다고 생각하고 있고, 여자 사원에게서 발상이나 새로운 기획을 요구하는 것은 도대체가 무리라고 생각하고 있다.

그러나 남자는 그렇게 되지 않는다. 기업의 최대 재산은 건물이나 제품이나 자동차의 수가 아니라 거기서 일하는 사장 이

하 전 종업원의 머리와 마음을 쓰는 일인 것이다. 마음을 쓰는 일은 여성 사원에게도 부담시키지만 머리를 쓰는 일은 대부분 이 남자 사원에게 달려있는 것이다.

그런데 젊었을 때 놀기를 좋아하는 사원은 이것이 분명히 결여되어 생산이 떨어져가는 것이다. 경마·골프, 유흥을 사소한 기분전환으로 만족하여서 그쯤에서 그치지 않기 때문에 아깝게도 젊은 사원이 수렁에 빠져가는 경우가 많다.

일을 뛰어나게 잘하면서 놀기도 잘하는 인간은 그리 흔히 있는 것은 아니다. 다만 본인이 그렇게 착각하고 있는 인간은 많다. 그러나 그 사람들의 실상을 보면 일하는 것은 다른 사람과 같은 수준 정도이다. 다른 것이 있다면 그저 노래를 잘 부른다든가 볼링이나 골프를 조금 잘 치는 정도에 지나지 않는다. 노는 데에 빠지지 않고 끼도 있으며 또 일하는 것도 사내에서 단연코 으뜸가는 사람이란 텔레비전 드라마에 등장하는 엘리트뿐이다.

놀지 말고 일하라. 그것이 젊은이의 철칙이다. 일생을 틀림없이 보내려고 생각한다면 이 철칙을 젊었을 때 지켜나갈 일이다. 싫어도 놀자는 유혹의 손은 뻗쳐온다. 그것을 뿌리치라고는 말하지 않는다. 그러나 타인으로부터 저녀석은 노는 사람이라는 낙인이 찍혀서는 안 된다. 놀이는 어디까지나 인생의 청류(靑流)인 것이다. 눈이 녹는 상쾌한 소리를 내고 흐르는 작은 청류인 것이다.

'좋아 한다'는 마음만으로 결혼하지 말아라

좋아보이는 사람이,
자신의 손에 미치는 범위에 있다고 하여,
그것을 곧 결혼으로 연결시키지 말아야 할 일이다.
세상은 그토록 단순하고 후하지 않다.
목표는 여자에게 평판이 좋은 여자를
찾아내는 일이다.

여자에게는 함정이 장치되어 있다

남자로서 20대에 해야 할 대사업은 취직과 결혼이다. 인간의 생활을 가정과 직장으로 크게 구별하면 20대는 인생 전체를 결정해 버린다고도 말할 수 있다. 현대 및 미래사회의 중요한 테마는 '관용'과 '선택'이다. 내 청춘의 전기는 전쟁중이었으므로 천황의 숭배가 유일 무이한 절대 사상이었다.

그러나 많은 삶의 방법 중에서 자기가 살아야 할 길을 엄중하게 선택하지 않으면 안 된다. 결혼 상대의 선택도 그러하다. 젊었을 때는 자칫 겉모양으로 여자를 규정해 버리는 경향이 있다. 사람에 따라 다소간의 차이는 있겠지만 누구나 마찬가지다. 여자를 보는 안목이 떨어지기 때문인데, 역시 미인에게는 많은 남자가 떼지어 모여드는 것은 극히 당연한 귀결이다.

그렇지만 천재와 수재가 지극히 적은 것과 마찬가지로 미녀도 모래 속에서 다이아몬드를 찾아내는 것과 같다. 간신히 찾아낸 다이아몬드가 가짜인 경우도 많다.

세상에는 여자를 쓸어서 버릴 정도로 많다. 최근에는 연애결혼이 성행하지만 진정한 연애 끝에 결혼에 골인하는 커플은 많지 않은 것 같다. 그것은 신세대들의 이혼율을 보면 단적으로 알 수 있다. 20대들은 인생의 복잡성을 잘 모른다. 그것은 경륜이 짧고 시야가 좁기 때문이다. 어쩌다 우연히 상대를 만나면, 마음이 끌리면, 세상에 그 여자밖에 없다는 듯한 생각을 해버린다. 표현이 좀 뭐하지만……, 감정능력이 없는 눈으로 사람을 보면 '제 눈에 안경'일 수밖에 없다. 천성이 천박하고 교양이 없는 여자라도 외모가 괜찮으면 한눈에 끌려 마음을 빼앗긴다. 즉 이성에 대한 도취이다. 상대에게 도취된 상태에서는 속말을 빌어 곰보도 예쁘게 보인다. 공업용 가짜 보석을 발견하고 진짜 보석을 발견한 양 가슴을 설레이는 것이다.

소녀들은 중학생이 되면 벌써 결혼이라는 단어를 생각하기 시작할 정도로 조숙하다. 이것은 여자의 본능이라고 할 수도 있고, 사회의 관습에 대한 이끌림이라고도 할 수 있다. 사내아이들이 결혼이라는 말만 들어도 수줍어할 나이에 여자아이들은 대단한 호기심을 보이고 있는 것이다.

그래서 세상의 결혼 양상은 알게 모르게 여자 중심으로 전개된다. 이 문제에 있어서 여자는 소극적인 듯하면서도 실은 매우 적극적이다. 그 소극적을 가장한 적극성으로 남성을 대하면, 남자들은 줏대없이 이끌리게 되는 것이다. 아무튼 젊은 여성은 사회에서 직업적 능력과 책임감을 인정받게 되어도, 결혼 상대를 일찍 찾으려고 노력한다.

그것은 여자의 본능이므로 방관하면 된다. 그러나 사춘기가 지나면서부터 한두 명의 여자 친구가 없으면 '못난 사내'라는 시시한 말에 이끌려 여자의 뒤를 따라다니는 남자들도 많다. 그들은 여자의 성품이나 교양이 어떻든간에 오직 여자 친구를 사귀는 것을 목적으로 두는 것이다. 이렇게 시야가 좁은 만남에서 진정한 사랑이 싹틀 리는 만무하다. 20대 남자로서 소중한 참된 연애와 낭만을 조금도 배양하지 못하는 사람의 장래는 불을 보듯 뻔하다.

그들, 즉 진정한 사랑과 낭만을 모르는 남자는 필히 현실적인 타산으로 인간관계를 갖게 된다. 결혼 상대자를 선택함에 있어서도 그 사고는 예외없이 적용된다.

이런 여자를 찾아내라

결혼 적령기에 있는 현대의 20대 남자들은 맞벌이를 할 수 있는 상대를 원한다. 여성 또한 사회 참여를 희망하는 경우가 많다. 이유를 따지자면 부부가 함께 돈벌이를 하면 배 이상의 즐겁고 풍요로운 생활을 할 수 있으리라는 영리한—실은 단순한—계산에서이다. 바로 이러한 사고가 남자로 하여금 안이한 결혼생활로 접어들게 한다.

그러나 현실은 생각대로 되지 않는 경우가 더 많다. 맞벌이라고 하는 것은 '1+1=2'가 아니라 실은 '0.5+0.5=1'로, 두 사람을 합쳐서 겨우 1이 되는 것이다. 아이라도 생기면 그 사실은 더욱 명백해진다. 특히 핵가족 시대가 되고 젊은 새댁들이 직장생활을 하면서부터 홀로 크면서도 과잉보호 속에 자라는 아동들이 증가되었다. 어머니가 직장생활을 하는 동안 아이는 다른 사람에 의해 양육되는 것이다. 따라서 수입면에서는 증가가 있는 반면에 부모로서의 인간적인 배려는 감소가 되는 것이다. 그 인간적인 배려의 감소를 물질적으로, 또는 과잉사랑으로 상쇄시키려 든다. 여기에서 파생되는 인간의 감정에 대한 문제는 여러 가지 형태의 문제를 남기게 된다.

당시에 나는 홀로 크는 아동 문제와 과잉보호에 대하여 반대의 입장을 분명히 했다. 말하자면 어머니의 손길이 필요한 아이가 있는 젊은 주부의 맞벌이를 반대한 것이다. 그 이유는 앞을 내다보는 과학적인 대책이 세워져 있지 않았기 때문이었다. 그러나 부모들은 물론 아동교육자들은, 과잉보호 속에서도 홀로 크는 부분이 있으므로 틀림없이 강하고 늠름하게 자랄 것이라고 호언 장담했었다. 그러나 그렇게 자란 아이들의 현재 상태는 어떠한가?

물론 사회가 변화되면 인간의 생활도 변화되기 마련이다. 그러나 기존의 질서로부터 새로운 질서로 옮겨가는 데에는 미리 이렇게 해야 하겠다는 철학적 사려와 치밀한 대응책이 준비되어 있어야 한다. 그러한 대응책이 없는 사회변화는 걷잡을 수 없는 곤경에 빠질 수밖에 없다. 막다른 길에서는 어떤 수단을 강구해도 모두가 소 잃고 외양간 고치기가 된다. 아니나다를까. 그 아이들이 성장하여 입학하면서부터 학교내에서의 폭력, 부모 살해 등이 비일비재하게 자행되고 있는 것이다. 반쪽의 부모 힘으로 키운 자녀들, 즉 반쪽을 완전한 하나로 믿었던 어리석음의 소치였던 것이다.

다시 말해서 좋아보이는 여자가 자기 가까이에 있다고 하여 그것을 곧바로 결혼으로 연결하려고 해서는 안 된다. 세상은 그토록 단순하지도, 호락호락하지도 않는 것이다. 오직 한 사람의 여자에게 맹렬히 반하는 것도 인생에 있어서는 절대 필요하다. 그렇지만 그 여자라면 누가 보아도 '과연 그 여자라면 남자들이 맹렬히 반하게 되는 것도 무리가 아니다'라고 생각하는 그런 여자에게 열중할 일이다.

그 하나의 기준은 여자에게 평판이 좋은 여자를 찾아내는 일이다. 남자들 사이에서 평판이 좋은 여자라는 것은 종종 외모만 그럴싸한 여성인 경우가 많다. 그러나 여자들은 동성의 내면까지 보고 있는 경우가 많다. 이것은 남자의 경우도 마찬가지이다. 남자의 눈으로 평가해 주는 남자가 진짜 괜찮은 남자인 것이다. 사랑에 빠지면 이른바 곰보도 보조개도 상대의 모든 것이 좋게만 보이는 것이다. 그것이 막상 결혼생활에 들어가서 보면 나쁜 것만이 눈에 띄게 된다. 중요한 것은 아무리 좋은 여자라도 어딘가 결점이 있는 것이다. 그러므로 언제나 70점 정도의 평가로써 만족해 나갈 일이다. 어쨌든 여자를 깊이 관찰하는 것이 중요하다.

결혼에 행복을 걸어보라

지금 이 시대에서는
가정에서 못쓰는 남자는 역시 직장에서도 못쓴다.
하나를 보면 두 가지를 알 수 있다는 것과 같다.
그렇다면 남자가 가질 수 있는 힘의 절반 정도를 할애하여서
가정의 행복을 만들어내는 일을 해나가지
않으면 안 된다.

여자의 본능이 가정을 요구한다

지금의 젊은이들(18세부터 25세까지)의 평균 용돈은 그들의 아버지가 쓰는 용돈을 웃돈다고 한다. 쉽게 말해서 아버지가 10만엔을 쓰면 아들은 15만엔 정도를 쓴다는 이야기이다. 놀랄 정도로 젊은이들의 주머니 사정이 좋아졌다.

만일 결혼해서도 독신 때에 하던 대로 급료에서 용돈을 쓰고 있다면, 젊은 아내는 신혼 2개월이나 3개월째에는 불만을 터뜨리고 갈등을 빚을 것이다. 예전에는 급료 중에서 남편 자신이 쓸 돈을 제하고 나머지를 아내에게 주며 "이것으로 한 달 살림을 꾸려가지 못한다면 주부라고 말할 수 없어!"하고 딱 잘라 말한 가정이 80%나 있었다. 그러나 지금은 이런 가정이 10%도 못되며, 더군다나 그 수가 해마다 줄고 있는 실정이다. 이런 현상은 모름지기 시대의 흐름이다.

가정을 가진 보편적인 남자라면, 쓸 만큼 빼낸다고 하더라도 15%가 약간 웃돌 정도이지 30%나 40%를 제하는 바보는 없다. 보너스를 50%나 포켓에 넣어버리면 그것만으로도 이혼의 사유가 될 것임에 틀림없다.

그 외에 퇴근길에 한 잔 한다는 것도 간단한 일은 결코 아니다. 아내를 의식해야 하기 때문이다. 남성들은 귀가가 늦어질 경우 아내에게 전화를 한다. 그러나 그렇게 하면, 주위의 친구들이 '공처가'라는 달갑잖은 소리를 하므로 참고 있는 경우가 일반이다. 사실은 거기서 술을 마시고 있는 전원이 마음속으로는 아내의 화낸 형상을 그리고 있다고 해도 많이 틀린 말은 아니다. 그런데 애써 나만은 아무렇지도 않다는 듯 태평스런 얼굴로 허세를 부리고 있는 것이다.

이렇게 생각해 보면 결혼이란 남자에게 있어서 전혀 부자유한 행위인 것같이 보여진다. 확실히 그럴 지도 모를 일이다.

"결혼에 남자는 자유를 걸고, 여자는 행복을 건다."

프랑스의 격언이다. 실제로 이 말은 진리에 가깝다. 때문에 역시 거기에는 자유를 잃은 대신에 행복이 굴러온다고 생각지 않으면 안 되는 것이다. 그렇다면 여자와 마찬가지가 아니냐고 반문할는지도 모르지만 여자가 가정에 거는 행복은 여자의 본능과 같은 것이다. 어린애를 수태하여 낳고 싶다는 등의 그런 본능이 남성에게는 있을 수 없다. 그것은 여자의 육체만이 할 수 있는 일이기 때문이다. 또한 여자는 아이를 키우기 위해서는 안정된 가정이 절대 필요하다.

즉 여자에게 있어서 가정은 태어나면서부터 없어서는 안 될 행복의 조건인 것이다. 그러므로 여자는 가정 안에서 생활할 수 있는 성격과 체질을 타고났다고 할 수 있다. 그러나 최근에는 여자도 직업을 가짐으로써 여자도 가정에서 나가게 되었다. 또한 가정 밖의 생활을 위해 독신으로 지내는 여성들도 있다. 그러나 그에 걸맞는 행복을 사회생활에서 누리고 있느냐 하는 것은 생각해 볼 문제이다. 현재로서는―세계적으로 보아도―가정에서만큼의 충분한 행복을 찾지 못하고 있다 해도 과언은 아니다.

노력하고 있는 동안은 행복하다

남자는 마치 어린 코끼리가 그들의 무리를 떠나 정글에 혼자 들어가 마침내는 밀림의 왕자가 되는 것과 같이 사회생활을 하는 능력이 여자에 비해 월등히 뛰어나다. 그러나 지금 가정의 위치가 사회 속에서 옛과는 비교할 수 없을 정도로 급변했다. 급기야는 가사일까지 남자가 분담하는 상태가 된 것이다.

옛날의 남성들은 가사에 전혀 상관하지 않았다. 남자가 부엌에 들어가는 것도 금기시했다. 어디까지나 밖에서의 할 일만 감당하면 그것으로 족했다. 또한 첩을 하나 둘 거느리는 것이 오히려 남자다운 것이라고 했었다. 그러나 지금은 이미 케케묵은 봉건사상이 되어 버린 지 오래다. 가정에서 가장으로서의 권위도 상실했다. 남자가 부엌일도 하고 청소도 하고 육아를 거들기도 한다. 그러한 남자가 인정받는 시대다. 지금은 가정에서 인정받지 못하는 남자는 역시 직장에서도 인정받지 못한다. 사생활이 건전하지 못하면 대통령도 될 수 없는 시대가 된 것이다.

따라서 남성들도 역량의 반을 쪼개어 가정의 행복을 만들어 내는 일을 하지 않으면 안 된다. 그러는 편이 남자에게도 유익하다. 남자의 할 일이 증가되는 것이기 때문에 자유스럽지는 못하다. 그렇지만 현명한 남자라면 먼저 가정 문제를 원만히 해결해 나갈 노력을 해두고 그 속에서 어떤 자기만의 자유를 즐기는 방법도 발견해 나갈 것이다.

결혼 후에도 "나는 결혼 전과 마찬가지로 자유로운 생활을 하겠다."고 장담하는 젊은이들이 많다. 자기의 취미를 희생하면서까지 가정에 얽매이지는 않겠다고들 말한다. 그러나 그런 말을 하는 것은 결혼생활을 몰라도 한참 모르기에 하는 말이다. 철부지의 잠꼬대 같은 말을 지껄이는 남성은, 두 마리의 토끼를 쫓다가 결국에는 한 마리도 잡지 못한다. 반대로 가정 속에 깊이 빠져 회사 안에서도 "이 아이가 우리 집 아이입니다."하고 어린애의 사진을 자못 소중한 것처럼 동료와 선배 앞에 내보이는 사내가 있는데, 이런 남성이라면 이번에는 직장에서 내쫓기고 마는 것이다.

직장과 가정의 성공을 함께 생각해야 하는 것이 현대를 살아가는 남성의 자세이다. 따라서 인정받는 남성의 길은 어렵고도 힘이 든다. 인정받기 위해서는 남보다 몇 배나 노력하지 않고서는 안 되기 때문이다. 중요한 것은 그 결과로써 생겨나는 행복이 남자의 참행복이라는 점이다. 남자는 어디까지나 노력하는 동안이 행복한 것이다.

㉙ 결혼이란 부모를 바꾸는 의식이다

부모와 형제,
친구와 선생이라고
하는 단순한 인간관계에서 탈출하여,
취직이나 결혼을 통하여 엄격한 타인과의
관계 속에 들어가는 것이
20대이다.

좋아하는 사람과 결혼할 수 있는 '불행'

미국의 지식인들에게 "왜 당신네 나라에서는 이혼이 많은 가?" 하고 물어본 일이 있다. 그러자 그들은 아무렇지도 않게 이렇게 대답하였다.

"좋아하는 사람과 결혼하기 때문입니다."

그 말을 듣는 순간 나는 미국인에게서 보이는 독특한 유머인 가 하고 생각했다. 그런데 그들의 표정은 자못 진지했다. 그제 서야 나는 이 말의 이면에는 상당히 심각한 사실이 포함되어 있다는 것을 느꼈다.

"좋아하는 사람과 결혼할 수 있으면 최고가 아니겠습니까?"

나는 질문을 거듭했다. 그러나 그들은 주저없이, 더군다나 이번에는 이런 일을 도통 모르느냐고 하는 표정까지 지어 보이 며, 이구동성으로 말하였다.

"하지만, 그것은 변하기 마련이니까요."

그 말을 듣고 나는 깊이 생각했다. 참으로 그들의 말 그대로였다. 한번 좋다고 해서 영원히 좋은 것은 아니다. 좋았다가도 일순간 싫어질 수도 있는 것이 인간관계이다. 그런데도 연애중의 남녀는 그러한 사실을 인정하지 않으려 한다. 그것은 좋아한다든가 사랑하고 있다고 하는 말 앞에는 모두가 무력하게 되기 때문이다. 연애중에는 여자가 부엌일에 서툴다고 말해도 남자는,

"좋아요, 나는 당신이 만들어주는 것이라면 무엇이든 맛있게 먹거든."

하고 관용의 태도를 보인다.

그러나 결혼을 하여 세월이 얼마쯤 경과된 후에까지 관용을 베푸는 남자는 매우 드물다. 그래서 곧잘 갈등을 빚게 되고, 심하면 험한 말과 표정으로 부부싸움을 하게 된다.

한 가지 예를 들어 보자. 맞벌이 부부가 식탁에 앉아 있다. 몇 날 며칠 천편일률적이고 성의 없는 식단에 남자는 드디어 화가 났다.

"이걸 또 먹어? 일주일 전부터 먹었던 거잖아! 좀 식단에 신경을 쓸 수 없겠어? 해도 해도 너무 하잖아."

남편의 말에 아내도 목에 파란 힘줄을 드러내며 쌍심지를 돋군다.

"내가 놀면서 안하는 것이 아니잖아요. 직장에 다니면서 왜 나만 살림에 신경써야 해? 당신이 할 수도 있잖아. 우리는 똑같이 일하고 있으니까 말야…….. 직장에 다니는데 살림까지 하라는 것은 무리야, 무리!"

시대의 흐름에 맞춰 남성도 가사를 돕는 것이 나쁘지 않다.

또한 맞벌이 부부라면 당연히 남성도 집안일을 분담해야 한다. 그러나 아무리 맞벌이 부부라도 여자의 본능이랄 수 있는 가사에 대한 마음 씀씀이는 항상 살아 있어야 한다. 사랑하는 사람을 위해 정성스레 음식을 장만하는 마음과 같은 것을 말하는 것이다.

상대를 위해 본능적인 애정의 표현이 없어지면 두 사람이 우연히 한지붕 밑에서 살게 되는 것에 불과하다. 둘의 관계는 지극히 계산적인 관계이기 때문이다. 이러한 상태가 지속되면 성생활 이외의 애정 표현은 없어지게 된다. 이것은 비극이다. 차츰 권태와 실증을 느끼게 되는 것은 당연하다. 부부간에 성행위만으로도 행복을 추구할 수 있는 것은 신혼 때부터 1년 전후, 결코 길지 않는 세월뿐이다. 이것은 심리학자의 이론을 인용하지 않아도 자명한 일이다.

아무리 시대가 개인의 자유를 보장한다 해도 결혼이 인간과 가정을 분리시킬 수는 없다. 봉건 시대는 집안에 인간을 맞추는 방법이었지만, 민주주의가 되자 인간에게 맞도록 집을 만들어 가는 것이다. 순서가 일정하지 않을 뿐이며 인간과 집이라고 하는 두 가지 요소에는 변함이 없다.

그런데 인간이 가정보다도 선결 조건에 있기 때문에 인간, 즉 한 사람의 남자와 한 사람의 여자가 합의하면 거기에 자연히 가정이 생긴다고 생각해 버리면, 위에서 말한 것처럼 함정이 기다리고 있다. 중요한 것은 인간은 태어나서 결혼하는 날까지 자기 혼자서 성장해 온 것이 아니라고 하는 엄숙한 사실을 자각할 일이다.

 가정 살림을 잘 하지 못하는 여자는 가정에서 행복하지 못하다. 그리고 가정에서 행복하지 못한 여자는 어디에서도 행복하지 못할 것이다. —톨스토이—

결혼을 경계로 인간관계는 이렇게 변한다

요즈음 결혼식 피로연에 참석해 보면 신랑 신부와 그 친구들이 주역이다. 부모는 아들이나 딸을 위하여 푼푼히 저축해 온 돈을 쓸 따름이며, 한쪽 구석에서 바라보고 있을 뿐이라는 생각이 든다. 그것을 보면 부모없이 오늘날의 자신이 존재한다고 생각하는 모양이다.

그러나 결혼하면 두 사람은 각각 새로운 친척에 끼게 된다. 그 종횡으로 연결하는 중심이 되고 손잡이가 되어 주는 것이 부모이다. 신부는 결혼식 전일을 최후로 이제 자기를 낳아 길러준 부모와 결별한다. 결혼식을 계기로 부모와 차츰 마음까지 멀어진다. 나중에 부모가 죽으면 친정은 더욱 멀어지게 된다. 왜냐하면 오빠나 동생의 아내가 주인이 되어 있기 때문이다.

친척의 중요성은 죽음을 공유하는 데에 있다. 태어나는 것, 먹는 것, 자는 것과 함께 죽는 것은 인간이 피할 수 없는 사실이다. 그것은 사는 것의 최후라 할 수 있는 행위인 것이다. 그것을 지켜보는 것은 자녀와 아내와 친척인 것이다.

최근에는 시골에서의 인간관계가 귀찮고, 밀집한 것이 싫어 도시에 나온 젊은이들끼리 결혼하기 때문인지 친척과의 관계, 즉 혈연이 희박해져 가는 경향이 있다. 이것은 앞에서 말한 바와 같이 긴 의미에서의 인생에 있어서 큰 손해다. 옛부터 어떤 결혼이라도 친척과는 제대로 지내라고 동서를 가리지 않고 줄곧 말해 온 것은, 인생의 경험을 쌓아온 사람들의 지혜.

일생의 지극히 중대한 계기인 결혼식은 부모를 바꾸는 의식이 아니면 안 되는 것이다. 신랑은 그날부터 신부의 양친을 자기 부모라고 생각할 일이다. 그것은 자기 부모를 부모로서 사모하고 있는 인간에게 비로소 가능한 마음가짐이다. 자기 혼자 성장한 것으로 생각하는 젊은이는 부모를 무시하고 있다. 자기 부모를 무시하는 인간인데, 하물며 남의 부모를 부모라고 인정하는 것은 불가능하다. 인간으로서 필요한 부분이 완전히 결여되어 떨어져 있는 것이다.

부모와 형제, 친구와 선생님이라는 단순한 인간관계의 범주에서 탈출하여, 취직이나 결혼을 통하여 좀더 밀접한 타인과의 관계 속에 들어가는 것이 20대이다. 거기에는 타인에 대한 관용의 정신과 그 중에서 무엇이 중요한 의미가 되는가를 선택하여 몸에 익혀나가야 한다. 그렇지 않으면 그러한 20대는 10대와 차이가 없는 시기가 되어 버리며, 언제까지나 부모를 떠날 수 없는 갓난아이 같은 유치한 20대가 되는 것이다. 결혼이란 그러한 소중하고도 깊은 의미를 가지고 있는 것이다. 그렇기 때문에 신중하게 상대를 선택해야 하는 것이다.

부부는 길고도 긴 대화이다

인간은 누구나
자기의 이야기를 잘 들어주는 사람을 좋아한다.
아이들의 이야기를 잘 들어주니까 아이들에게 있어서는
어머니가 제일 좋은 사람이 된다.
남편의 이야기를 잘 들어주니까 아내가 좋은 것이다.
이러한 점은 아내에게 있어서도
마찬가지이다.

먼저 가족끼리 아침 인사를 하라

구미(歐美)에는 애처가를 중심으로 한 뛰어난 소설이나 연극, 영화가 있다. 수렵민족으로서 이리저리 전전하였기 때문에 여성이 적어진 점에서 여성에 대한 동경이 강했던 원인도 있을 것이다. 또한 그리스 신화의 영향을 받아 여성의 육체를 신이 창조해 준 최고의 미라고 숭배한 심리 때문이기도 할 것이다.

그러나 동양의 여성에 대한 사고방식은 이와 매우 다르다. 그것은 유교사상의 여필종부, 남존여비의 관습에 지배된 사회였기 때문이었다.

최근 텔레비전 드라마에서 남편이 아내를 위해 값싼 눈물을 흘리는 식의 것이 있기는 하다. 그러나 그 깊이가 얕아 도저히 서양과 같은 깊은 인간애를 바탕으로 한 이야기는 아니다.

예로부터 현대에 이르기까지 동양의 가정에서 가장 결여되어 떨어져가고 있는 것은 대화이다. 이 세상에 살고 있는 한 가장 가까운 대화 상대는 부부이다. 철학자 니체는 저서 《인간적인, 너무나 인간적인》이란 책 속에 '부부란 긴 대화이다'라고 딱 잘라 그 본질을 맞추어 내고 있다.

대화라고 하면 대부분의 사람들은 곧 지껄이는 것이라고 생각한다. 확실히 한 번의 대화에 의하여 충분한 결론이 나오면 이보다 더 좋은 것은 없다. 그러나 세상에는 한 번이나 두 번의 이야기로 곧 결말이 나는 이야기만 있다고는 볼 수 없다. 대화에 있어서 필요한 것은 언제까지라도 서로가 이야기할 수 있는 자세가 되어 있다고 하는 분위기인 것이다.

나는 때때로 신랑이나 신부를 잘 알지 못하면서, 그들의 요청에 못이겨 결혼식의 피로연에 나가지 않으면 안 되는 경우가 종종 있다. 이야기할 재료가 없으므로 할 수 없이 일반적인 부부의 통상적인 말을 하게 되는데, 다음과 같은 이야기를 하면 인상에 남는 모양 같다.

"축하합니다. 두 사람은 이제부터 손에 손을 잡고 길고 긴 인생을 걸어가게 되었습니다. 철학자 니체의 말처럼 부부라는 것은 길고 긴 대화이기도 합니다. 그 대화의 계기가 되는 것이 인사이며 특히 '안녕히 주무셨습니까?'라는 말입니다. 나는 이 인사가 있는 부부는 멋있는 부부라고 믿고 있습니다. 마음을 열고 상대에게 가까이 가는 것이 인사입니다. 온갖 인간관계 중에서 가장 중요한 것은 서로의 마음을 열어주고 있는 것입니다. 부인에게 나쁜 짓을 하고 있으므로 해서 어떻게든 눈이 마주치지 않게 하려고 땅을 보며 밖으로 나가는 것입니다. 내일 아침부터 '안녕히 주무셨습니까?' 하고 인사하는 부부가 되십시오. 만일 1년 후에도 두 분 사이에서 이 인사가 있다면 두 분은 훌륭한 신혼 가정을 만들고 있는 것입니다. 또한 5년 후에 귀여운 자녀분들도 이 인사를 하고 있으면 멋있는 가정을 영위하고 있을 것이 틀림없습니다. 그리고 10년 후, 20년 후, 30년 후, 40년 후에도 이 인사가 있으면 아마 두 분은 인생의 성공자가 되어 있을 것이라고 믿습니다. 축하합니다."

나는 결코 2분 이상은 이야기하지 않으므로 이것이 축사의 전부이다. 매우 짧지만 의외로 효과적이다. 대개의 사람이, 상당히 나이가 지긋한 기혼자까지도 피로연이 끝나고 밖으로 나가는 길에,

"오늘은 정말 좋은 말씀을 들려주셔서 감사합니다. 전적으로 옳은 말씀입니다."

하고 머리를 숙이기도 한다.

그것을 뒤집어 보면 오늘날 가정에는 얼마나 아침 인사가 없는가를 짐작할 수 있다. 다른 여러 나라에서 지내 보았지만 아침 인사가 없는 것은 우리뿐이 아닌가 한다. 첫말을 꺼낼 화제가 없기 때문에 대화가 생길 리가 없는 것이다. 그러기 때문에 시시한 문제로 부부 싸움이 시작되면 며칠을 두고 입을 열지 않는다든가 하는 일이 있다. 신혼 초기에는 서로에 대한 생활 태도가 진지하기 때문에 상대가 하는 말을 잘 듣는다. 그 내용의 신선함에 감동을 하며 상대를 파악하려고 노력한다. 그러나 일상시의 반복은 평범한 일의 반복이므로 그러는 와중에 전에 들은 이야기가 두 번 세 번 나오게 되면 단점도 보이게 된다. 자기 생각이나 때로는 자기 뜻대로 통하지 않게 되면 대화는 중단되게 마련이다.

부부생활을 오래 지속시키는 요령

나는 10년 전에, 약 3개월간 여러 층의 가정을 방문하여 남편이 직장에서 돌아와 잘 때까지 가정에서 어느 정도로 대화가 있는가를 조사한 적이 있다. 통계적으로 남편이 이야기한 것은 7분간이었는데 반해 아내는 무려 2시간 10분 가량 걸쳐서 마구 지껄이고 있었다. 이것을 대화라고 말할 수는 없다. 아내는 흡사 벽을 보고 혼잣말을 하고 있는 것과도 같다. 대화라고 하면 곧 이야기를 하는 것이라고 생각하기 쉽지만, 말하는 사람과 듣는 사람이 있어야 비로소 성립하는 행위인 것이다. 여자는 작은 일도 소상하게 이야기하는 생리를 가지고 있다. 그것은 본능에 가까우므로 여자는 이야기하는 것에서 자기 만족을 느낀다. 따라서 마치 본능과도 같은 여자의 끝없는 지껄임을 빼앗아 버린다면 삶의 만족을 빼앗아 버리는 것과도 같다. '아, 또 그 이야기인가!' 이것으로 열 번째라고 생각해도 남자는 참고 마치 처음 듣는 것같이 놀랄 일이다.

불교 용어로 안시(顔施)라는 말이 있다. 지금 이 사람에게 아무것도 해줄 수 없다고 생각해도 자기 얼굴의 미소만은 지워버리는 일이 없어야 한다는 뜻이다. 그리고 상대의 마음을 온화하게 해주는 것을 잊어서는 안 된다고 하는 가르침이다. 이제 알았다고 상대를 억압하지 말고 먼저 자기가 참아야 한다는 것이다. 이 인내가 부부 생활을 오래 지속시키는 최대의 요령인 것이다. 남자는 모름지기 관대한 마음을 가지고 비록 듣고 있는 척하고 있어도 좋으니 아내의 이야기를 들어줄 일이다.

상대의 이야기를 듣는 배려가 여자를 돋보이게 한다

나는 우연히 만나는 여자에게서 종종 인간으로서의 훌륭한 점을 발견하게 된다. 여성은 기본적으로 무엇인가를 지켜나가는 데에 있어서는 대단히 뛰어난 능력이 있다. 그것은 성장 과정에서 조그마한 전기(前期)가 있었고, 그것을 차분히 쌓아올리기 때문이다. 특히 청춘이라고 하는 10대 중반부터 10년간은 다른 시기와는 비교할 수 없을 정도로 재빠른 변화를 보이고 있는 것이다. 남자의 눈으로 보면 이 시기의 여자, 즉 소녀에서 어른으로의 성장 과정은 놀랄 정도이다. 젊은 여자끼리 이야기하고 있는 것을 보고 있으면 남자들에게는 거의 찾아볼 수 없는 그런 몸짓이 있다. 그것은 '수긍'의 태도이다. 상대가 이야기할 때 대부분의 남자들은 표정에 별다른 변화를 보이지 않는다. 수긍할 수 있는 이야기에도 턱을 당긴 채 두어번 고개를 끄덕이는 것이 고작이다. 그런데 여자들은 아주 사소한 일에도 "응, 그래그래……." 하면서 고개를 잘도 끄덕이는 것이다.

여성의 그러한 동작은 남의 말을 잘 듣고 있다는 표현이다. 남의 말을 잘 들어주는 여자를 남자들이 볼 때 무척 배려심이 있는 사람으로 생각하게 된다. 극단적으로 말하자면, 남자는 여성의 그런 행동을 좋아하고 사랑하여 결혼한다. 그리고 결혼한 다음 세월이 흐르는 동안 "아니, 좀 틀리는데……." 하고 생각한다.

아내라는 이름으로 불리는 여성들은 차츰 남성적으로 변하게 된다. 특히 가정내에서의 수긍하는 표정을 보면 옛날의 표정 연기는 까맣게 잊어버리고 있다. 그런 이유에서 부부간의 대화는 더욱 단절되어 간다.

인간은 누구나 자기의 이야기를 잘 들어주는 사람을 좋아한다. 아이들의 이야기를 잘 들어주니까 아이들에게 있어서는 어머니가 제일 좋은 사람이 된다. 남편의 이야기를 잘 들어주니까 아내가 좋은 것이다. 이러한 점은 아내에게 있어서도 마찬가지이다.

젊은 여자에게 결혼 상대자로서 어떠한 성격의 남자가 좋으냐고 물어보면 그 첫번째가 '상냥한 남성'이다. 남자에게 같은 질문을 하여도 역시 '상냥한 여자'가 그 첫번째다. 그러나 여자가 말하는 '상냥함'과 남자가 말하는 '상냥함'에는 차이가 있다. 여자가 말하는 남성의 상냥함이란 '다정다감하고 포용력이 있다'는 뜻이지만 남자가 말하는 상냥함은 '자기 말을 잘 들어준다든가 일상 생활중의 세심한 배려'가 있는 것을 말한다. 그러나 둘 다 '나의 말을 들어줬으면'하는 점에서는 공통점을 가지고 있다.

그 공통점의 충족이 바로 '수긍'이다. 수긍의 표현은 '끄덕임'으로 나타난다. 원만한 부부생활을 하고 있는 가정을 보면 거의 전부가 대화중에 수긍의 표시를 잘한다. '나는 당신의 이야기를 성의 있고 진지하게 잘 듣고 있다'라는 태도가 부부관계를 화목하게 만들어 주는 것이다.

제4장

행복한 가정만들기

✳

아버지가 자식들을 위해서
할 수 있는 가장 중요한 일은 그들의 어머니(즉 아내)를
사랑하는 것이다.
－헤즈버그－

㉛ 섹스는 좋은 가족을 만들기 위해서 있는 것이다

성의 본질은 '종족 번식'에 있다.
좋은 가족을 만들기 위해 성이 존재한다고 믿는 것이
자기를 해치지 않으며, 또 그러한 사고의 여자가
참으로 사랑을 받을 자격이
있는 것이다.

마음에 있는 연애의 모든 것

심리학자 프로이드에 의하면, 인간이 생각하는 3분의 2는 어떤 의미에 있어서 성과 관련을 갖고 있다고 한다. 청춘시절의 최대 고뇌의 하나가 왕성한 성적 욕망을 어떻게 만족시키느냐이다. 그대는 지금 연인이나 걸프렌드를 가지고 있을지도 모르며, 혹은 멋진 여성이 나타나서 자기를 사랑하지 않을까 하고 원하고 있는지도 모른다.

나에게도 그런 긴 시기가 있었으나 모두가 짝사랑이었다. 무사도에는 짝사랑이야말로 최상의 사랑이라는 말이 써 있는데, 그 말을 도용하여 말하자면 나는 최상의 사랑을 몇 번이나 경험했었다. 더구나 나의 사랑은 공상에 가까운 사랑이었다. 얼굴을 마주하고 한 마디라도 대화다운 대화를 나눈 연인은 단 한 사람도 없었다. 여성이란 아름다운 것이며 동경하는 것이라

고 믿고 있었기 때문에, 그 사람을 요원한 데서 바라다볼 뿐이
었다. 그것만으로도 가슴이 두근두근하였다.

그런데 기묘한 것은 나는 지금까지도 그 사람들을 생각하고
있다는 것이다. 나의 나머지 인생이 살아온 인생보다도 훨씬
짧은 이 순간까지도 그녀들에 대한 감정은 조금도 변함이 없다
는 것이다. 아니 오히려 갈수록 심하게 불타고 있다는 표현이
더 적절할 것 같다. 그것은 마치 미완성 교향곡이 완성을 향하
여 연주를 계속하고 있는 것 같다.

왜냐하면 그녀들은 갖가지 모양으로 청춘의 나의 인격을 높
여 주었기 때문이며, 그것이 오늘날 나의 기본적인 정신 재산
이 되고 있기 때문이다.

나의 첫사랑은 국민학교 때에 시작됐다. 소꿉 동무인 여자
아이들은 나한테 여자가 본능적으로 가지고 있는 상냥함을 가
르쳐 주었다. 뒹굴어 무릎에서 피가 나오는 것을 손수건을 찢
어 붕대로 만들어 감아준 상냥함을 나는 마치 어제의 일처럼
선명하게 기억하고 있다. 청춘시절이 되자 불과 수분의 만남중
에서 내게 바람소리를 듣는 훌륭함을 가르쳐 준 사람이 있
었다. 그것으로써 나는 대자연을 비로소 몸 가까이에 알 수가
있었다. 지금 내가 꽃을 더없이 사랑하는 것도 이 사람 덕분
이다. 또 어떤 사람은 나날을 열심히 그리고 한결같이 사는 자
세를 몸소 보여주었다. 만일 이 사람과 만난 5분간이 없었다면
나는 지금 전혀 다른 인생을 걷고 있었을 것이다.

그밖에 헤아리면 한이 없을 만큼 나는 많은 여성으로부터 삶
의 의미를 느꼈다. 그때마다 나의 인격은 높아졌다. 세계의 많
은 뛰어난 문학 작품에도 나타나고 있는 바와 같이, 참다운 연
애란 그 모양이—때로는 비극적인 경우에도—반드시 서로의

혼을 심하게 흔들어 붙잡고 빼앗는 것이다.

'마음', 그것이 연애의 어쩌면 그 마음—영혼이라고 불러야할까—이 높아지는 저 끝에 육체의 결합이 있어야 한다. 그래야만 그것은 육체를 승화(昇華)하여 다시 혼으로 환원시켜 갈 것이다.

성에 있어서 잊어서는 안 되는 것

현대는 물질의 풍요함에 밀려 마음 쓰임이 점점 압박되어 가는 시대가 되어 버렸다. 소위 황금만능의 시대이다. 물질이 정신을 지배하는 시대사조의 흐름에서 연애는 단지 남자라고 하는 신체와 여자라고 칭하는 육체와의 마치 물질과 물질의 교제와 같이 되어 간다. 더군다나 현실 세계는 순간적으로 즐기는 일로 충만되어 있다. 육체적인 쾌락을 얻기 위해 남자와 여자가 만나는 것이다. 이런 만남에서는 영원에까지 이어져가는 그런 형이상학적인 사랑을 체험하거나 영감으로 터득할 수는 없다.

과거 연애는 인간의 영혼을 최상의 가치로 여겼다. 어디까지나 마음과 마음의 만남이었고, 그런 영혼의 교류에서 연애를 예찬했다. 그런데 근래에 들어 연애는 삽시간에 가치를 하락시켜 하나의 즐기는 행위로 변화해 버린다. 영혼이라든가, 여성에 대한 한없는 동경으로 가득 찬, 육체의 본능적인 욕망을 억누르는 사랑을 그린 문학이 수세기에 걸쳐 항상 인간에게 감동을 주어 왔는데, 지금의 연애 소설은 첫 페이지에서부터 동물적이라고 할 정도의 애정 장면으로 시작된다. 실로 인간은 타락할 대로 타락한 것이다.

이것을 다시 옛날의 영혼적인 연애로 되돌리는 것은 개인의 힘으로는 불가능하다. 도도하게 흐르는 시대사조이기 때문이다. 그러나 나는 다른 사람은 어떻게 생각하고 행동할지라도 오직 당신만은 이것을 강하게 인식해 주기 바란다. 그것은 섹스라고 하는 것은 좋은 가족을 만들기 위해서만 있는 것이라고 하는 생각이다. 그리고 그대와 같은 생각을 가지고 있는 여성을 연애 대상으로 택하라고 권하고 싶다.

세상의 모든 것이 놀고 즐기는 방향으로만 흐르고 있다. 성(性)도 예외는 아니다. 그것을 여성해방의 표시라고 외치는 어리석은 운동자가 있고, 또 어쩌면 그것을 신봉하는 여성들도 있다. 남자로서는 뜻밖의 행운이다. 과거처럼 성에서 생기는 불행한 사태에 대한 책임을 남자만 지지 않아도 되기 때문이다. 참으로 '차려놓은 밥상의 밥을 먹지 않는 것은 남자의 수치'라는 속담과 같은 그런 기회가 굴러들어온 것이다.

그러나 분명히 말해 두겠다. 그것은 순간의 향락이 인간을 얼마나 타락의 심연(深淵)에 밀어넣는가를 알아야 한다는 것이다. 그런 생각을 가진 여자는 당신의 일생 동안의 반려(伴侶)도, 또 마음의 지주(持株)도 되지 못한다. 여자도 당신의 욕망의 돌파구에 지나지 않은 것처럼 당신 또한 여자의 용이하고도 사정이 좋은 성욕 처리장에 불과하게 된다. 즉 여자의 노예로서의 가치밖에 없는 남자가 되는 것이다. 옛부터 부모나 교사나 선배들은 동서양을 가리지 않고 청춘시절을 맞이하여 성인이 되어 가는 젊은이에게 이렇게 경고했다.

"여자를 조심하라."

그것은 앞에서 말했던, 즉 여자의 성적 노리개가 되어 버린 남자는 올바른 인간으로 되돌아오기가 힘들기 때문이다. 나는 수년 전 폭력집단 속에 뛰어들어가 취재한 일이 있었다. 그들이라고 해서 태어나면서부터 악당은 아니었다. 청춘의 어느 시기에 생각지도 않던 방향으로 갑자기 인생이 바꾸어졌던 것인데, 그 전향점의 방아쇠는 대부분이 여자였다. 그저 섹스 상대로서의 여자였던 것이다.

여성이란 아름다운 존재이다. 그러므로 남자는 그녀와 힘을 합하여 아름다운 자손을 만들려고 하는 것이다. 그리고 자녀는 여성만이 만들 수 있는 최고로 아름다운 예술작품이라는 것을 알아야 하는 것이다.

여성의 섹스에 대하여

가족이라는 강한 유대는 매일같이 이루어지는 생활을 통해 서로를 아껴주고 서로의 생명을 지켜주는 것이다. 나는 젊은 여성들에게 '섹스란 좋은 가족을 만들기 위해 존재하는 것'임을 늘 강조한다. 이것이 인간의, 특히 여자의 참된 사고이며 삶의 방식이다. 그런데 성에 대한 관념이 근래에 이르러 묘하게 변질되어 버렸다. 섹스라는 것이 대단히 향락적인 의미로 생각되고, 섹스에 대하여 개방적이지 못하면 현대 여성이라고 할 수 없다는 묘한 착각을 여자들 스스로 느끼게끔 되었다.

그것은 여성의 삶에 있어서 결코 도움이 되지 못한다. 오히려 불행의 늪이 되기도 하고 파멸의 낭떠러지가 되기도 한다. 아무리 성이 자유로운 것이 되더라도 한번 그르치면 눈물을 흘려야 되는 것은 여자 쪽이다. 이것은 남자와 여자가 존재함에 있어 변할 수 없는 기본 문제이다. 물론 성에 대한 차별은 사회적으로 배제되어야 마땅하다. 그러나 그것은 어디까지나 사회

활동이나 정신적인 의미에서의 평등에 국한되는 것이어야 한다. 부부간에 서로 동일한 인격체로서 존중하는 것, 사회생활에서 능력에 따라 대우하는 것이 바로 그것이다.

남자들의 향락문화가 발달되었으니, 여자들의 그쪽도 발달돼야 한다거나, 남자들이 건전하지 못한 생활을 하니까 여자라고 해서 못할 이유가 없다고 하는 것과는 근본적으로 다르다. 과학적으로 생각해 보면 이러한 논리는 자명해진다. 쾌락의 결과로 임신을 했다. 아이를 낳을 수는 없다. 이때 중절수술을 받아 마음과 몸에 상처를 받는 것은 여자뿐이다. 정확히 말해서 남자는 몸도, 물론 마음도—상대편 여자가 수술을 받는 동안은 다소 괴로울 수도 있지만 곧 잊어버림—상처받지 않는다. 더욱이 미혼 여성의 중절 수술은 자칫하면 자신이 여자로서 살아가는 권리를 저버리게 되는 것이다.

세상 사람들은 자기의 허물에 대해서는 관대하지만 타인의 허물에는 한없이 냉정하다. 바람둥이 남성이 '나는 바람둥이니까 나의 결혼상대는 바람둥이 여성이어야 한다'라고 생각하는 경우는 절대로 없다. 그리고—이것이 참으로 중요한 문제인데—여자의 문란한 과거를 알고도 그것을 언제까지나 너그럽게 포용해 줄 수 있는 훌륭한 남자는 너무나도 귀하다는 사실이다.

성의 본질은 '종족 번식'에 있다. 좋은 가족을 만들기 위해 성이 존재한다고 믿는 것이 자기를 해치지 않으며, 또 그러한 사고의 여자가 참으로 사랑을 받을 자격이 있는 것이다.

32
아내를 쓸쓸하게 해주지 말아라

지금도 역시 여자는 약하다.
그것을 힘있게, 때로는 상냥하게 보호해 주는 것이 남자다.
거기에는 당연히 아주 낮은 차원에서의
자기 희생이 필요하다.
가족은 서로가 조금씩 희생을 합하지 않으면
성립되어 가지 않는 집단인 것이다.

독신시절의 연장으로서는 안 된다

좋아하는 사람과 결혼한다. 그것은 확실히 멋있고 즐거운 일임에는 틀림없다. 그러나 우리의 인생에는 착한 마음의 이면엔 반드시 얼마간의 악이 포함되어 있게 마련이다. 이것은 빛이 있는 곳에 그림자가 있고 행복이 있는 곳에 불행이 항상 상존하고 있는 것과도 같다. 좋아하는 사람과 짝이 되는 것은 더없이 좋은 일이지만, 그 좋은 관계를 계속 유지시키는 것은 좋은 가정을 만들려고 하는 노력에 달려 있다.

인간이 가치있다고 생각하는 모든 것은 잃어버리기 쉽다. 사랑도 돈도 명예도 한번 얻었다고 해서 지키려는 노력을 하지 않으면 어느새 누군가에게로 가버리는 것이다. 세상의 법칙은 노력하는 자가 얻도록 되어 있다. 이것은 철리이다.

흔한 예로 중학생시절을 회고해 보면 알 수가 있다. 머리가 뛰어나게 좋은 학생은 예외로 하고, 성적이 점점 떨어져가는 학생의 경우, 그 동기는 노력하지 않은 데에 있다. 학문의 길에는 왕도가 없다. 학업에 충실하지 않으면 다른 학생과 격차가 차츰 벌어지는 것은 당연하다. 학과를 따라가지 못하면 공부는 지겨워진다. 공부가 지겨운 학생은 마침내 공부를 포기하고 다른 것을 더 즐긴다.

고교에서 대학에 갈 때도 그렇다. 수학이 골치가 아파 그것을 극복할 의지가 없어 문과 계통을 지원한 학생이 많다. 또 거기서도 될 수 있는 대로 외국어 시험 문제가 쉬운 대학을……. 이러는 사이 선택하는 대학의 수준은 점점 떨어져서, 나중에는 가도 그만 안가도 그만인 학교에 들어가게 된다. 이런 학생은 대학에서도 공부와는 담쌓고 지낸다. 부모가 피땀 흘려 번 돈으로 등록금을 꼬박꼬박 납부하면서도 책 한 권 읽지 않고 학교문을 나선다.

그는 편한 길을 계속 선택해 왔다. 노력하지 않고도 되는 방법만을 생각하는 청춘시절을 보냈다. 그런 끝에 좋아하는 사람과 편한 생활을 시작하는 것이다. 결혼하면 이제까지의 생활방법과는 다르고, 또 다르게 하지 않으면 안 된다고 하는 자각이 그에게는 적다. 될 수 있는 대로 독신시절처럼 자기 마음대로 즐거움을 계속 누리고 싶다. 아내가 나를 좋아하기 때문에 지금까지의 생활양식을 허용해 줄 것이라는 후한 생각으로 결혼생활에 들어간다.

독신으로 지낼 때는 종종 도박으로 밤을 새웠다. 결혼 후에도 그것을 그만두고 싶지 않다.

일요일에는 골프를 치러 가곤 했기 때문에 그것도 한다. 또 독신시절에는 매달 이 만큼의 용돈을 쓰고 있었으므로 그것과 똑같은 용돈을 쓴다.

나에게는 종종 결혼한 지 얼마 안 되는 신혼 여성으로부터 가정 상담이 들어온다. 상담의 대부분은 앞에서 예로 든 것들이다. 그녀들은 남자의 생각을 알 수 없다고 한탄하고 있다. 그리고 결혼을 뼈저리게 후회하며 이혼을 생각하고 있다.

그런데 이러한 사실을 이혼의 사유로 제기해도 담당자가 전혀 문제삼으려 들지 않는다는 것이다. 사실 현행법상으로도 이혼 사유가 되지 않는다.

희생을 해주는 것이 남자의 의무

법적으로는 이혼의 이유가 되지 않더라도, 남성은 인간적이고, 윤리적인 책임감을 갖지 않으면 안 된다. 어린애를 낳고 기르는 강한 인내, 중년이 되면 엉덩이를 흔들고 전차의 좌석을 헤치는 뻔뻔스러움, 그리고 남자보다 장수하는 것을 제외하면 역시 여자는 약한 것이다. 혼자서는 살아갈 수 없는 존재인 것이다. 그것을 힘있게 때로는 상냥하게 비호해 주는 것이 남자인 것이다.

거기에는 당연히 극히 낮은 차원에서의 자기 희생이 필요한 것이다. 본래 자기 희생이라고 하는 것은 종교적인 높은 의미인데, 가족은 서로가 조금씩 희생을 감수하면서 결합하지 않으면 성립되지 않는 집단인 것이다. 봉건시대의 남자는 나라를 위해 목숨을 버린다고 하는 큰 희생을 했다. 반면에 여자의 희생은 집안에 국한되었었다. 제2차세계대전이 끝날 때까지는 집안에서 여자가 있는 곳이란 어둡고 찬 장소였다. 봉당 같은 곳은 그 전형적인 장소이다. 고된 시집살이에서 흐르는 눈물을 아궁이에서 나온 연기 때문이라고 변명하면서 차디찬 부엌에서 취사를 했던 것이다.

그러나 시대가 바뀌어 여자가 있는 곳은 밝고 따뜻한 장소가 되었다. 다이닝키친이라고 이름을 고친 부엌은 가정에 따라서는 가족 최대의 단란한 장소가 되고 있다.

그렇지만 아직도 여자는 사회적으로 약하다. 부모의 따뜻한 보살핌 속에서 호화스런 신부 의상에 싸여 가정을 시댁으로 옮기기는 했지만 모든 것이 생소하여 불안을 감출 수 없는 것이다.

가정을 소중히 하는 남자라면 밖에서의 즐거움을 뿌리치고 1분 1초라도 일찍 신부 곁으로 돌아가야 한다. 그것이 결혼한 남자의 의무이다. 먼저 실례하겠다는 말은 할 필요도 없다. 놀림을 받아도 좋으니 "사랑하는 아내 곁으로 가겠습니다." 하고 큰 소리로 외치고 회사를 나와라. 그렇다고 해서 누가 비난하지 않는다. 오히려 "저 사람은 성실한 사람이다."라고 말하며 "저 사람의 부인은 행복하겠구나." 하고 마음속으로 생각하는 것이다.

밤늦게까지 술집에서 술잔을 비우거나 포카를 하고 있는 사람들을 보면 그들의 부인이 가엾다고 여겨진다. 흔히 텔레비전 드라마 속에서 볼 수 있는 장면이다. 시계를 쳐다보며 저녁도 먹지 않고 남편이 돌아오기를 기다리고 있는 젊은 아내의 모습을 현실로 자신의 아내 모습이라고 생각하는 편이 좋다. 여자는 달콤함을 기대하고 있다. 마치 갓난아이가 어머니에게 어리광을 부리기 때문에 사랑을 받고 살아가는 것같이 젊은 아내도 또 그와 비슷한 심리를 가지고 있는 것이다. 그것을 충족해 주기 위해서 남자가 얼마간의 희생을 감수하는 것이다. 바로 그것이 애정이다. 희생을 해주는 것이다.

사랑이란 돌처럼 한번 놓인 자리에 그냥 있는 게 아니다. 그것은 빵처럼 항상 다시, 또 새로 구워져야 한다. ─르귄─

여자의 수다에 견디어라

> 여자에게서 잔소리와 지껄임을 빼앗아
> 버리는 것은 잔혹하다.
> 지껄임은 여자가 사는 보람인 것이다.
> 지껄이고 있을 때 여자는 활발하게 약동하고 있다.
> 필요한 것은 '듣기를 빨리하고 말하는 것을
> 더디게 하라'는 예수님의 말씀이다.

여자의 말에 잘 대하는 요령

남자의 입장에서 보았을 때, 여자의 불가사의한 점은 화장하는 것과 외출할 때 입고 나갈 옷이 없다고 불평하는 것, 시간을 지키지 않는 것, 젖가슴이 불룩한 것, 그리고 생식기의 모양이 다른 것 등이다. 그 중에서도 최대의 의아한 점은 그 끝없는 지껄임이다. 여학교에서는 옛부터 늘 있는 일이지만, 그것이 최근에는 특히 더욱 심한 것 같다. 여자대학에 강연을 나가면 도착하자마자 학장 이하 대학의 간부들이 입을 모아 학생들이 곧 지껄일 테니 이해해 달라고 처음부터 양해를 구하고 있다.

나는 여학생들에게 쓸데없는 말을 지껄일 틈을 주기 때문이라고 생각했다. 그것은 강연에 흥미가 없거나 지루하기 때문일 거라는 생각에서였다. 그래서 나는 학생들을 완전히 사로잡을 내용을 준비하여 열정적으로 강의를 시작했다. 여학생들은 자세를 바로하고 모두들 나를 주목하고 있었다. 강당은 조용했기 때문에 나는 매우 만족했다. 그런데 이때 어디선가 소곤거리는 소리가 들리기 시작했다. 그것이 수다의 발단이 되었다. 여기서 소곤, 저기서 재잘거리는 소리가 쉽사리 그칠 줄을 몰랐다. 나는 정중히 부탁했다. 좀 조용히 해달라고……. 그러나 그때뿐이었다. 강연이 끝날 때까지 소곤대는 형태로 수다는 계속되었고 나의 기분은 엉망이 되었다. '아아, 죄많은 여자의 수다여!'

내 때의 학창시절에는 있을 수 없는 일이다. 국민학교에서부터 대학까지 선생이나 그 어느 분이든지 말씀하실 때는 허리를 곧게 펴고 단정하게 듣는 것이 당연한 도리였다. 아무리 개인의 자유가 중시되는 시대라고는 하지만 모든 것을 자기 뜻대로 행동해도 좋다고 하는 사고방식은 자유가 아닌 무례인 것이다.

모 여자대학에 갔을 때 들은 이야기이다. 그 학교에서 지난해에 유명한 학자를 초청하여 교양강좌를 열려고 했다 한다. 그런데 시작하기 전부터 학생들이 떠들어서 강연을 할 수 없었다. 학자는 한두 번 주의를 주었다. 그래도 조용해지지 않자 화를 내며 연단에서 내려와 그대로 돌아가 버렸다는 것이었다. 학생들은 그 순간만은 심각했으나, 그후에도 반성은 전혀 없었다고 한다. 그것이 소위 일류라고 불리워지는 여자대학의 모습이었다. 실로 한심스런 일이 아닐 수 없다.

공자마저도 《논어(論語)》에서 지껄이는 여자와는 상대를 하지 말라고 이르고 있을 정도이다. 여자의 지껄임이란 해독인지도 모른다. 전차나 버스 안에서도, 또 횡단보도에서도 여자가 두 사람만 같이 있으면 시끄러워지기 시작한다. 어린아이가 차도에 아장아장 걸어나와도 돌아보지도 않고 정신없이 지껄이고 있는 장면을 흔히 보는 일이 있다.

그러나 그렇다고 하여 여자에게서 수다를 빼앗아 버리는 것
은 잔혹하다. 수다는 여자의 상징이고, 여자의 사는 보람이기
도 한 것이다. 그녀들은 결코 남자들과 같이 어려운 이야기는
하지 않는다. 남자라면 한두 마디면 끝날 이야기를 가지고 여
자들은 계속해서 싫증도 내지 않고 지껄여대는 것이다. 여자의
수다는 남자가 일에 정성을 쏟고 있는 것과 같은 것이라고 생
각하면 된다. 지껄이고 있을 때의 여자는 활기차게 약동하고
있다.

필요한 것은 "듣기를 빨리하고 말하는 것을 더디게 하라."는
예수님의 말씀이다. 어쨌든 상대의 말을 듣고 자기 이야기는
뒤로 돌린다는 태도가 여자와 잘 이야기 해나가는 요령인 것같
이 생각된다. 여자는 지적인 정보에는 약하므로 한번 가르침을
받는 입장이 되면 잘 수긍하면서 듣는다. 그렇지만 그런 기회
는 야구에서 9회말 투 아웃에서 대역전을 하는 것만큼이나
적다. 그렇기 때문에 그런 기회가 올 때까지 조용히 여자의 지
껄임에 견디는 일이다. 이것은 남자로서 키워야 하는 특별한
기술이다. 이야기란 어떤 화제에서도 반드시 결론이나 혹은 그
와 같은 것이 있다. 이혼 이야기가 아닌 한 가정 안의 부부간
이야기는 대개 가벼운 내용에다가 쉽게 결론이 나는 것들이다.
남자의 이야기는 짧고 여자의 이야기는 길다는 것뿐이다.

상부상조 하는 관계를 만들어라

여자는 이야기를 생략할 수가 없다. 몇 번을 두고 이야기해
도 항상 처음부터 자상하게 말하지 않으면 직성이 풀리지 않는

것이다. 남자는 '그것은 이미 알고 있다'라고 말하고 싶겠지만, 여자는 본능적으로 단조로운 일의 반복에 숙달되어 있는 것처럼 수다에 익숙해 있다.

남자라도 회사에서 상사가 자기 말을 들어줄 때는 기쁜 것이다. 남편과 아내는 상하관계는 아니지만, 들어주면 만족한다. 이런 것은 한푼의 돈도 들지 않는 것이므로 그래그래 하고 수긍만 해주면 되는 것이다. 다만 아내의 말을 끝까지 듣기에는 시간이 걸리고 지루하다. 그렇더라도 어쨌든 듣고 있는 시늉 정도는 해줄 일이다.

앞에서도 말했지만 불교에 안시라고 하는 계명이 있다. 지금 이 사람에게는 아무것도 해줄 수 없다고 생각해도 자기 얼굴의 미소만은 잊어서는 안 된다. 그리고 상대의 기분을 온화하게 해주는 것이 중요하다고 하는 가르침이다. 아내가 하는 말은 이미 알고 있다. 그러나 지금 당장에는 아무것도 해줄 수 없다. 그러므로 "이제 귀찮다, 입을 닥쳐라!" 하고 아내를 강압하지 말고 묵묵히 참고 견뎌야 하는 것이다. 부부라고 하는 것은 길고 긴 대화를 하는 것이라고 앞서 기술한 바 그대로다. 문제는 그 기술이다. 나이가 더해감에 따라서 알게 되지만, 남편과 아내와는 사회적인 관심도에 있어서 그 격차가 점점 벌어져간다. 그것은 당연한 일이다. 만일 언제까지나 남편이 집에 있는 아내와 같은 수준으로밖에 사회에서 일어나는 일을 이해하지 못한다면 남자로서 살아가는 것은 불가능하다.

그러나 그렇다고 하여 여자가 바보라는 이야기는 아니다. 인간의 두뇌는 정상적으로 발달하면서 뭔가 하나를 잃으면 다른 하나가 신장되는 것이다. 나이를 먹고 기억력이 희박해 지는 반면에 판단력은 강해진다. 양쪽이 한번에 없어지면 남자는 이미 살아있을 가치가 없다.

여자도 마찬가지이며 세상 돌아가는 흐름은 잘 모르지만 지역의 일, 신변에서 일어난 일, 아이들의 교육, 물품의 가격 등에 대해서는 남자보다 훨씬 깊은 이해력을 갖게 된다. 그래서 부부는 상부상조인 것이다. 맞벌이를 하는 경우에서도 이 경향이 있다. 이것은 남자와 여자가 태어나면서부터 갖추고 있는 능력의 문제인 것이다.

들어주고 있는 한 싸움은 일어나지 않는다. 상대보다도 먼저 더군다나 큰 소리를 내며 상대를 억누르려고 하기 때문에 위기가 싹트는 것이다.

34
아내를 사랑한다는 것

> 중요한 것은 아내를
> 언제나 쾌적한 기분으로 해줄 수 있느냐 없느냐 하는 것이다.
> 그것이 아내를 사랑하고 있는 무엇보다도 더한 증거이다.
> 첫째는 성실하게 일하는 것이며, 둘째는 건강할 것이다.
> 즉 염려를 끼쳐주지 않는다는 것이다.
> 일과 건강만 완전하면 아내는
> 안심한다.

'여자는 남편이 하기 나름'이라는 징크스는 살아있다

어린아이라면 모르지만 성인 남자와 남자가 서로 주먹다짐으로 싸움을 한다는 것은 폭력배가 아닌 이상 아마 일생에 한 번 있을까 말까 하는 일일 것이다. 남자는 밖에 7인의 적이 있다고 하더라도, 사업상 또는 직무상의 일로 논쟁은 있을지언정 싸운다는 것은 좀처럼 흔한 일은 아니다.

싸우기를 좋아해서는 살아갈 수 없다. 그런데 부부 싸움은 실로 빈번하게 벌어지는 것이다. 만일 부부 싸움 할 정도의 심한 언쟁을 남편이나 아내가 외부에서 타인과 함께 있는 데서 한다면 정상적인 인간이라고는 결코 생각하지 않을 것이다. 개중에는 여기저기 돌아다니면서 싸우는 부부도 더러 있다. 살림살이를 때려 부수는 유형도 있고, 소리를 높여 서로 악을 쓰는 경우도 있다. 또한 입을 꽉 다물고 냉전상태로 돌입하는 부부도 있다. 대체로 이러한 것이 부부싸움의 유형이다.

나는 두 유형의 부부싸움은 싫어한다. 하나는 전혀 부부 싸움을 한 일이 없다고 하는 부부다. 내가 알고 있는 사람 중에 그런 사람이 있다. 나는 언젠가 당신들은 부부가 아니라 밥이나 차를 같이 먹고 마시는 친구 사이가 아니냐고 말한 적이 있다. 남편과 아내도 교육받은 지적 인텔리인데, 어쩐지 틀에 박힌 싸늘한 느낌이 드는 부부다. 양편이 모두 영리하여 싸우지 않는다.

다른 하나는 남편이 아내에게 폭력을 휘두르는 부부다. 여자는 완력으로 절대로 남자를 당해낼 수 없다. 나는 아내에게 아무리 나쁜 잘못을 하고 정당한 이유가 있었다고 하더라도 폭력을 행사하는 남자는 싫다. 더군다나 아내의 말이나 행동이 마음에 들지 않는다는 이유에서 빈번히 손을 올리는 남자는 사내가 아니다. 그는 인간 이하라고밖에 말할 수 없다.

나에게 오는 상담 편지 중에는, 남편이 머리털을 쥐어잡고 방안을 끌고 다녔다느니, 얼굴이 파랗게 부어올라올 정도로 두들겨 맞았다는 등 몸서리쳐지는 사연이 많다. 만나본 적도 없는 나에게 편지로 이렇게 써 보낸 것으로 보아서 그 부인은 아무에게도 그런 상담을 할 수가 없었던 것이다. 어떤 이유가 되었든 나는 그 부인의 남편을 증오한다. 어떤 때든 어떤 장소에서든 종종 나는 그 남자를 찾아가서 한바탕 싸워주고 싶은 의분에 못이기는 일도 있다.

아내는 여자인 것이다. 남편의 역할은 아내를 어떻게 하면 아름다운 존재로 해줄 수 있느냐에 달려 있는 것이다. 아내가 만든 요리가 설사 서툰 솜씨에다가 맛이 없어도 "정말 맛있는데."하고 한 마디라도 해주면 아내는 기뻐한다. 그것으로 아내는 마음이 밝고 아름다워질 수 있을 것이다. 내가 "아내여, 아름다워져라." 하는 것은 예쁘게 옷을 차려 입고 화장을 하라는 것은 아니다. 미인은 모래 속의 다이아몬드이다. 대부분의 아내는 미인이 아니다. 세상에는 미인보다 평범한 여자들이 월등히 많다. 아무리 값비싼 의상으로 치장하고 요란한 화장을 해도 그녀들은 평범한 여자에 불과할 뿐이다.

중요한 것은 아내가 언제나 쾌적한 기분을 유지하도록 해주려는 노력이다. 그것이 아내를 사랑하고 있는 무엇보다도 더한 증거이다. 그 첫째는 성실하게 일할 것이며, 둘째는 건강을 지켜야 한다. 말하자면 염려를 끼치지 않는 것이다. 일과 건강만 유지하고 있으면 아내는 안심한다. 아내는 남편보다 훨씬 현실적이다. 때문에 비록 말로는 표현하지 않아도 은연중에 이런 생각을 하고 있다. 만일 이 사람이 쓰러지면 나는 어떻게 될까 하는 의식이다.

나는 언젠가 양재 학교에 강연을 나갔다. 강연을 듣고 있는 처녀들에게, 만일 남편이 먼저 죽을 때의 사태를 대비해서 양재를 배우고 있는 사람이 있으면 손을 들어보라고 했다. 처음에는 한 사람뿐이었다. 그런데 조금 있다가 여기저기에서 손을 들더니 나중에는 거의 전원이 손을 들어 크게 웃는 것이었다.

이것이 여자의 본심이 아닐까. 아무리 여성상위 시대가 되었다고 하더라도 결국은 혼자서는 살아갈 수 없는 것이다. 여자는 남자, 즉 남편에 의지한다는 사실은 앞으로도 계속 살아 있을 것이다.

사람을 사랑하는 것은 참되고 변할 수 없는 내적인 행복을 가져온다. 왜냐하면 사랑은 인간을 남과 신에게 결합시켜 주기 때문이다. ―톨스토이―

한 여자를 사랑하질 못하면 일의 평가도 없다

남자는 '세 가지에 반한다'라는 말이 있다. 일에 반한다. 여자에 반한다. 이상의 두 가지는 공통적이지만 나머지 한 가지는 사람에 따라서 각각 다르게 나타난다. 돈에 반한다고 하는 사람, 명예에 반한다는 사람, 취미에 반한다는 사람 등등으로 많다.

일과 여자에게 반한다는 사실, 이것은 너무 평범한 사실이기에 아무것도 아닌 느낌이 들지만 실은 상당히 엄격한 의미를 가지고 있다. 일을 떠나 있는 남자는 상상할 수 없다. 남자에게 있어서 일은 삶의 가장 중요한 한 부분이기 때문에 저마다 나름대로의 일을 가지고 있다. 그 일에 반하는 남자가 행복하며 세상을 주도하게 된다.

남자는 누구나 여자에게 반한다. 자연 보존의 법칙에 따라 인간은 서로 상대가 되는, 즉 남자는 여자에게 여자는 남자에게 반하도록 되어 있다. 특히 지배적이고 공격적인 성 에너지를 가진 남자가 여자에게 반하는 것은 유별나다. 그래서 '영웅은 호색'이란 말이 생겼는지도 모른다. 옛날에는 남자들의 호색은 그리 문제되지 않았다. 자기가 해야 할 일만 철저히 하면 첩을 한두 명 둬도 사회적으로 용인되었다. 오히려 그렇게 하는 남자가 능력있는 남자로 평가받기도 하였다.

그러나 이제는 시대가 바뀌었다. 현대의 남자는 가정에서와 사회에서의 인격을 분리하여 생각하는 것은 허용되지 않게 되었다. 개인적인 스캔들이 있으면 대통령에 입후보해도 치명적인 타격을 받게 되어 낙선하게 된다. 예전에는 감히 상상도 하지 못했던 일이지만 지금은 엄연한 현실이다.

　이제는 가정에서 인격적으로 훌륭하지 못한 남자는 직장에서 인정받지 못한다. 한 사람의 아내를 사랑하지 못하는 남자는 수백, 수천 명의 종업원을 통솔할 수 없다는 논리가 높아지고 있는 것이다. 이러한 의미에서 오늘날의 남자는 일에 반하고 아내에게 반해야 인정받는 남자라고 할 수 있다. 오랫동안 남존여비의 관념에서 살아왔기 때문에 현대에 이르러서도 애처에 관한 이야기는 흔하지 않다. 그러나 이제는 과감히 바뀌어야 한다. 구시대의 관습을 바꾸기 위해서는 먼저 아내를 사랑하는 법을 알아야 한다. 바로 20대인 그대가 배워야 할 덕목이다.

㉟ 낙태시키지 말고 낳게 하라

여자에게 임신을 시켜놓고
낙태를 지시하는 남자가 있다. 쾌락의 결과에
대한 책임은 지지 않겠다는 심보다. 이런 남자는
남자로서도, 20대 젊은이로서도 자격이 없다.
인간으로서도 최하이다.

죽이는 일에 왜 태연하게 있을 수 있는가

연간 100만 건에 이르는 임신중절수술이 행하여지고 있다.
실로 무서운 일이 아닐 수 없다. 대체 지금의 젊은이들은 생명
을 어떻게 알고 있는 것일까? 통계자료에 의하면 수술을 받은
후 상당수의 여성이 죄악감에 사로잡힌다고 한다. 그것은 당연
한 일이지만, 나는 그보다도 상대 남자의 무기력과 무능, 그리
고 윤리성을 탓하지 않을 수 없다. 수술을 받는 여성의 연령을
보면, 또 그 상대 남자의 연령을 보더라도 역시 20대가 가장 많
은 것 같다.

나의 청춘시절은 나라를 위해서라면 목숨을 쓸모 없는 지푸
라기같이 버리는 것이 젊은이의 자세였다. 죽는 것이 가장 잘
사는 것이라고 하였다. 전쟁이 끝났을 때는 살아 남아서 잘
했다고 생각하는 것보다 오히려 굴욕으로까지 느꼈다. 가치있

는 삶과 가치있는 죽음은 무엇인가? 인간은 어떻게 살아야 하는가? 등의 물음 속에서 '생명'이라고 하는 구체적이기도 하고 추상적이기도 한 존엄성을 막연하게나마 깨달을 수 있었다.

자신의 생명에 책임을 갖는 것이 인간이 해야 할 최대의 일이다. 또한 남의 생명도 나의 생명처럼 귀중하다는 것을 항상 생각해야 한다. 그러므로 전쟁을 해서는 안 되는 것이고, 가능하면 1분 1초라도 더 생명을 지속하는 방법을 찾는 것이 인간의 염원이 되었다.

동물은 결코 자기와 동류의 동물은 죽이지 않는다. 사자는 절대로 다른 사자를 잡아먹지는 않는다. 숲 속의 새들도 종족 살생은 하지 않는다. 매 역시 작은 새들을 덮치는 일은 있어도 종족은 덮치지 않는다. 그러나 인간만이 전쟁을 통하여 서로 죽이고 있다. 살인은 온 세계에서 하루 동안에 얼마나 많이 일어나고 있는가. 교통 사고로 몇 명이 죽는가. 인간은 원숭이로부터 분화하자 마자 동시에 동물의 이같은 성질인 씨를 지키는 본능을 멸망시키고 말았다.

낙태는 자기가 자기를 죽이는 것과 같은 것이다. 남자의 정자와 사랑하는 여성의 난자의 결합으로 생긴 생명인 것이다. 중절은 자기의 분신(分身)을 자신이 죽이는 것이므로 누구에게도 해를 끼치지 않는다고 하는 논리는, 내가 죽이고 싶은 녀석을 죽이는 것인데, 당신이 무슨 상관이냐 라는 얼토당토 않는 논리인 것이다. 인류는 전쟁에 의하여 급속도로 문명이 발달했다는 사실을 부정하지는 못한다. 그러나 전쟁으로 인해 헤아릴 수도 없을 만큼 귀중한 생명을 잃었다. 그 생명의 값으로 과학문명이 발달된 것이라고 해도 과언은 아닌 것이다. 여기에서 이런 논리가 생길 수도 있다. 몇 백만 명의 사람이 전쟁으로 인해 죽음으로써 수억에 달하는 인간이 새로운 문명을 향유할 수 있다. 그렇기 때문에 전쟁은 필요악이다. 이런 논리는 낙태에도 적용할 수 있다. 부모가 책임도 못질 아이가 태어나는 것은 부모에게나 아이에게나 모두 불행하다. 그래서 양자간의 불행을 없애기 위하여 낙태를 시킨다. 낙태는 필요악이다. 이런 논리를 20대인 당신이 어떻게 받아들일는지 나는 모른다. 그러나 한 가지 알아둬야 할 사실은 이미 수태된 아이는 독자적인 한 생명체라는 점이다.

봄이 되면 메마른 나뭇가지에서 싹이 트는 것을, 한 포기 잡초가 흙 속에서 필사적으로 싹을 움트고 있는 것을 생각해 보라. 그 고동치는 맥박에서 생명력의 신비와 감동을 느낄 수 있을 것이다. 임신이라는 것은 인간의 힘으로 새로운 생명을 탄생시키려는, 인간 최대의 환희인 것이다. 이것은 결코 배설하는 것 같은 생리현상은 아니다. 그것은 신의 영역이다.

낳아서 기르는 것은 인간에게 주어진 책임과 의무

여자에게 임신을 시켜놓고 낙태를 지시하는 남자가 있다. 쾌락의 결과에 대한 책임은 지지 않겠다는 심보다. 이런 남자는 남자로서도, 20대 젊은이로서도 자격이 없다. 인간으로서도 최하이다. 또한 아무런 죄책감도 없이 산부인과 수술대에 누워 두 다리를 허공을 향해서 들고 있는 여자, 이 또한 최하의 여자다. 출산하는 것이 모체의 생명을 위태롭게 하는 절박한 상황이거나, 강간에 의한 임신인 경우는 부득불 예외로 할 수도 있겠지만, 그 외의 낙태는 범죄 행위, 즉 살인인 것이다. 오로지 쾌락을 위한 관계에서 수태가 되었다 하더라도, 인위적으로 그 생명을 죽인다는 것은 인간의 도리가 아니다. 태어날 생명을 죽인다는 것은 어떤 이유로도 정당화될 수 없기 때문이다.

섹스에는 언제나 임신의 확률이 따른다. 여기에서 '설마'하는 낙관론은 금물이다. 그 결과를 책임져야 하는 것이 남자이다. 남자는 여자의 임신에 대하여 '나의 자식이고 나의 분신이다.'라는 강한 사랑이 절대 필요하다. 20대 최대의 목표는 취직하고, 결혼하고 그리고 아버지가 되는 일이다. 직업에 의해서 자신의 사는 방향을 정하고, 결혼에 의해서 사회라고 하는 넓은 기반 속에 자기를 세우고, 그리고 새로운 생명을 갖는 것으로써 이 세상에 자기가 확실히 존재하고 있다는 증거를 세워나가는 것이다.

남자가 성장함에 따라 떼어놓을 수 없는 것이 책임이다. 일에 있어서도 경력을 쌓거나 승진됨에 따라 책임은 증대해 간다. 그와 동시에 신용이나 신뢰도 쌓아가게 된다. 그것보다도 훨씬 중대한 책임은 인간이 인간에 대하여 지는 책임이다. 아이를 기른다는 것은 모든 인간에게 주어진 책임인 것이다. 이것은 부자이든, 가난한 사람이든, 남자이든, 여자이든, 모든 인류가 '인간'으로서 져야 할 의무인 것이다.

임신은 그 최초의 동기이다. 바로 거기에서 자기가 인간으로서의 존재를 통감하게 되는 것이다. 그것을 의미도 없이 포기하는 것은 결국 산다는 것 자체를 무의미하게 하는 것이다. 올바른 인격체를 지닌 사람이라면 차마 할 수 없는 일이다.

36
가사에 지나치게 관계하지 말아라

남자는 여자처럼 가정일에
너무 간섭하고 관계하면 아무래도 자기 자신이
살지 못하게 된다.

맞벌이에서 주의해야 할 것

현대의 20대 젊은 부부가 집안일을 서로 분담하는 것을 나쁜
일이라고는 생각지 않는다. 좋은 일이라고 하지 않고 나쁘지
않다고 표현하는 것이 어딘지 모르게 어색하다. 그러나 다음을
생각해 보면 이해할 수 있을 것이다.

가정을 가진 대부분의 남자는 자기 일을 가지고 있다. 낮 시
간 동안에는 그 일을 위해 혼신의 노력을 쏟는 것이 정상적인
생활이다. 사람은 정신적으로든 육체적으로든 힘을 썼을 때는
휴식이 필요하다. 휴식을 취할 장소는 가정이다. 가정에서 만
큼은 편하게 있고 싶은 것이 남자들의 일반적인 바람이다. 그
런데 휴식을 취할 시간에 가사까지 돌봐야 하는 것은 무리
이다. 물론 가정에서도 남자가 해줘야 할 일은 분명히 있다.
무거운 짐을 옮기는 일 등이 그것이다. 그런 일을 제외한 다른

가사에 남편의 손을 빌리려는 아내는 문제가 있다. 대체로 남편의 일에 대한 이해가 부족한 경우에서 그런 부탁은 생기게 된다. 회사에서 그다지 많은 일을 하는 것이 아니므로 집안일을 거들어도 된다고 생각한다면, 그것은 대단히 걱정스러운 일이 아닐 수 없다.

그러나 맞벌이하는 부부의 경우는 분명히 가사는 확실히 분담해야 한다. 아내가 밖에서 일하는 것을 인정하는 것이므로, 그 실행의 증명으로써 남편이 가사를 짊어질 의무가 당연히 있는 것이다.

다만 20대의 맞벌이 부부들에게 한 마디 말해두고 싶은 것이 있다. 그것은 무엇보다도 서로 도우며 산다는 개념이다. 맞벌이라고 하는 것은 두 사람이 합쳐서 비로소 한 사람 몫을 하는 것이며, 1+1=2라고 하는 큰 착각에 빠지지 말아야 할 것이다. 많은 맞벌이 부부는 한 사람 몫의 수입을 하는 남자와 여자의 두 사람이 사는 것이므로 수입도 두 배가 되고 즐거움도 배가 될 것이 틀림없다고 생각하고 있다. 그런데 바로 이 점에 맞벌이 부부가 붕괴되는 원인이 있는 것이다.

어린애를 낳고 보면 알게 되겠지만, 육아원에 맡겨서 키운 아이와 엄마가 키운 아이와는 커다란 차이가 있다. 1960년대 중반 이런 아이들이 사회 문제가 되었을 때에 지식층에서는 지나친 보호가 되지 않고 자기 의사로 살아갈 수 있는 것을 배울 수 있으므로 오히려 좋다고 하였다. 물론 그러한 일면이 없는 것도 아니다. 그런데 이 아이들이 성장함에 따라 청소년 범죄가 차츰 잔인해졌고, 연령이 낮아졌으며, 학교내 폭력이 증가하는 결과를 가져왔다.

즉 맞벌이의 장점은 수입이 많다는 것과 부부 사이의 사회적

관심이 확대되어 간다는 점 정도이며, 다음은 모두가 반쪽밖에 되지 않는다는 것이다. 이 점을 충분히 감안하고 인식하여 남의 두 배 이상의 노력을 하지 않으면 안 되는 것이다.

아직도 많은 직장내에서는 성에 대한 차별이 상존하고 있다. 급여와 승진의 기회 등에서 단지 여자라는 이유 때문에 남성에게 밀리게 되는 경우가 없지는 않다. 그러나 많은 기업가들은 여성들의 일에 임하는 정신자세를 거론하고 있다. 즉 자신의 일에 대한 투철한 프로 정신과 직업관이 남자에 비해 결여되어 있다는 것이다.

남자에게 있어서 일, 직업은 우선 생활을 지탱하게 하는 수단이므로 필사적이 될 수밖에 없다. 그러나 여성에게는 해도 그만 안해도 그만이라는 심리가 잠복해 있다. 오늘 당장 직장을 그만둬도 남편이 일하고 있기 때문에 부담감이 없는 것이다. 바로 이러한 자세가 직장내에서의 성차별의 원인을 제공하는 큰 요인이 되는 것을 부정할 수는 없다.

직업에는 흔히 '전선(戰線)'이란 말이 덧붙는다. 직장은 전쟁터이다. 전투중에 한눈 팔 여유는 없다. 오직 자신의 맡은 바 소임에 전력투구해야 한다. 이것이 바로 프로 정신이다.

여성도 직업을 갖는 이상 프로가 되어야 한다. 신체상·성격상의 이유를 들어 힘들고 어려운 일을 회피하려고 한다면 프로로서는 실격이다. 직장에 나온 이상은 가정의 일은 까맣게 잊어버릴 수 있는 것이 프로의 근성이다. 아이는 어떻게 지내고 있는지, 저녁 식단은 어떻게 차려야 하는가를 생각하고 있어서는 일에 전념할 수 없다.

일에 충실하면서도 가정을 잘 꾸려나갈 수 있다면 더할 나위 없이 좋다. 그러나 어디까지나 그것은 '희망사항'으로 끝나는 수가 많다. 오히려 그 정반대의 상황이 되는 경우가 많다. 일도 못하고 가정도 엉망으로 만들어 버리는 것이다. 그러므로 여성은 사회 참여에 대하여 깊은 생각을 한 후에 결정을 내려야 한다. 특히 남자가 여자처럼 가정 일에 지나치게 관계하게 되면, 아무래도 자기 자신이 해야 할 일에 충실할 수가 없게 되는 것이다. 그 어느 점에 선을 긋느냐가 어려운 일이다.

어린애를 어떻게 대하는가

나는 지금까지도 그렇지만 특별한 일이 없을 때는 저녁을 집에 와서 먹는다. 보통 2개월 후까지의 스케줄은 그야말로 5분 간격으로 되어 있으므로 목요일을 제외한 다른 날은 모두 일이 7시에서 7시 30분 사이에 끝나도록 되어 있다. 30분의 여유를 두는 것은 자료 조사 및 팀워크를 위해서이다. 목요일에는 저녁 식사를 방송출연진들과 함께 먹기로 하고 있다. 인터뷰 신청은 한 회사에 대하여 20분밖에 만나지 않기로 원칙을 정해놓고 있으므로 늦어도 6시 50분까지는 족히 끝난다. 남보다 몇 배나 분주하기 때문에 불필요한 교제상의 술은 마시지 않는다. 일일이 상대하다가는 제대로 몸이 지탱하지 못하기 때문이다.

그런데 근래에 들어와 대도시와 중소도시에서 새벽녘까지 문을 열고 있는 가게가 호황을 누리고 있다고 한다. 그것은 늦게까지 술을 마신 후 가족에게 미안하여 뭔가를 사가지고 들어가기 때문이다.

매일 밤 늦는 사람은 일요일이 되면 묘한 의무감—가족과 저녁 시간을 보내지 못했다는—에 쫓겨 어린아이들과 무리하게 놀아주게 된다. 나는 매일 아침 1시간의 산책을 일과로 하

고 있는데, 휴일이 되면 20대의 젊은 아버지가 아장아장 걸
어다니는 어린애를 데리고 공원에 나오는 모습을 흔히 본다.
대부분의 젊은 아버지가 함께 놀아줄 수 있는 것은 기껏해야
15분이나 20분이다. 그 후는 벤치에 앉아 있으면서 어린애가
놀고 있는 것을 지켜보고 있을 뿐이다. 즉 어머니와 같은 것밖
에는 할 수 없는 것이다.

　20대의 남성들은 어린애를 보살피는 것을 분담해 맡아주고,
때로는 아내의 일을 가볍게 해주는 것도 필요하다. 그것이 가
정을 사랑하는 남자의 자세이다. 그리고 어린애를 잠재우는 것
은 어머니보다 아버지가 잘 하는 경우도 있다. 신체적 능력으
로 안아줄 수 있기 때문이다. 아이가 조금만 커지면 아버지의
역할은 더욱 중요하다. 이때부터 아이들은 어머니에게서 느낄
수 없었던 아버지만의 독특한 것들을 느끼며 배워가게 된다.
즉 성격형성에 있어서 커다란 영향을 주게 되는 것이다. 그러
므로 아버지는 어린아이가 함께 놀아달라고 할 때에는 언제까
지나 놀아줄 수 있는 체력과 방법, 그리고 시간과 마음의 여유
를 가지고 있는 것이 중요하다. 아버지가 먼저 놀자고 하는 것
보다 어린애가 놀아달라고 할 때에 같이 놀아주는 것이 어린애
로서는 훨씬 즐거운 것이다.

37

아버지가 되기 전에 남편이 되어라

현모는 반드시 양처는 아니지만
처는 반드시 현모라고 해도 결코 틀린 말은 아니다.
좋은 어머니이기 전에 좋은 아내가 되는 것이 선결문제이다.
그것은 동시에 남자에게도 말할 수 있다.
좋은 아버지가 되려고 하는 것보다
좋은 남편이 되는 것이 중요하다.

'가르치는 것'과 '기르는 것'의 차이

만일 당신이 지금 국민학교 6학년의 산수 시험지를 받았다고 가정해 보자. 그 문제를 완벽하게 풀어낼 자신이 있는가? 아마 모르기는 해도 고등학교나 대학에서 수학 성적이 뛰어났던 일부분의 부모를 제외하고는 만점을 받기 힘들 것이다. 고등학교 3학년의 영어 실력이면 어떤 원서라도 읽고 회화에도 곤란을 느끼지 않는다고 말하고 있다. 그런데 대부분 대학을 졸업하고도 영문 번역이나 회화에 서툴다. 말하자면 배웠던 것을 잊어버린 것이다. 그러나 어렸을 적에 자전거를 탄 사람은 일생을 두고 자전거를 탈 수 있다. 수영을 배운 사람은 늙어서도 수영을 할 수 있다. 이 말의 뜻은 몸으로 익힌 것은 언제까지나 잊어버리지 않는다는 것이다.

가르치는 것은 짧은 시간에 할 수 있다. 하나 더하기 하나는 둘인 것을 가르치는 데 보통 머리의 아이라면 몇 분도 걸리지 않는다. 그러나 기르기 위해서는 긴 시간이 걸리는 것이다. 마치 씨를 뿌리고 열매를 얻는 것과도 같다.

그러면 과연 인간은 어디서 가장 긴 시간을 보내게 되는가? 그것은 가정과 직장이다. 그렇다면 가정은 무엇을 하는 곳인가? 한 마디로 말하면 그것은 인간에게 필요한 생활을 하는 장소임과 동시에 어린애를 키우고 인격을 키우는 장소인 것이다.

현대의 젊은이와 아이들은 교육은 있으나 교양이 부족하다는 말을 흔히 쓴다. 과잉 교육열 덕택에 국민학교에 입학하기도 전에 국어를 깨우치게 되는 아동이 많다. 심한 경우에는 외국어까지 가르치고 있다. 어릴 때부터 지식을 주입시키는 데 갖은 애를 쓰고 있는 것이다. 이에 반해 교양교육은 실로 미비하다. 그 이유로는 아이들의 기를 꺾지 않으려 하기 때문이라고 한다. 그래서 요즘은 제멋대로 행동하는 아이들이 많다. 아이를 활달하게 키우는 것은 좋은 일이지만, 버릇없는 짓을 활달한 것으로 잘못 판단하고 있는 부모들도 많다. '세 살 버릇이 여든까지 간다'라는 속담처럼 어릴 때 버릇없는 아이는 역시 성장해서도 버릇이 없다. 지식은 높은데 반해 교양이 낮은 사람들이 사는 사회는 불행한 사회다. 머리 좋은 망나니, 머리 좋은 패륜아, 머리 좋은 사기꾼들이 사회를 한없이 혼탁하게 만드는 것이다. 그리고 문화나 문명의 근원이 되는 바른 사고를 할 수 없다.

향락에 젖어 시끄러운 곳에서 정신문화가 싹튼다는 것은 거의 불가능하다. 거기에는 오직 순간을 즐기는 향락문화만이 발달한다. 향락문화는 물질이 정신을 지배하는 문화다. 따라서 가진 자가 못 가진 자를 지배하게 되는데, 못 가진 자는 가진 자가 되려고 수단과 방법을 가리지 않는다.

사고하지 않고 행동하는 인간은 살아 있는 흉기에 가깝다. 그들은 지식을 배웠을 뿐 교양은 배우지 않았기에 극단적인 이기주의를 행사한다. 나밖에 생각하지 않는다. 나만 괜찮으면 남들이야 어떻게 되어도 좋다고 생각한다.

지금 우리는 자녀들을 '머리 좋고 버릇없이' 키운 보복을 받고 있다. 부모를 폭행하는 패륜아들이 점점 늘어만 가고 있고, 노력하지 않고 잘살아 보겠다는 몽상가들이 들끓고 있다. 일확천금을 바라는 사람들은 언제 어디에서 강도로 탈바꿈할는지 모른다. 그리고 그 칼끝은 동시대를 살아가는 우리 모두의 가슴을 겨냥하고 있다.

교양은 단 시일에 쌓아지는 것은 아니며 가정교육과 밀접한 관계를 가지고 있다. 가정에서의 자녀교육은 교양교육이 주가 되어야만 한다. 예절을 가르치는 것, 인간의 도리를 가르치는 것이 올바른 자녀양육인 것이다. 어렸을 때부터 체험으로 익히는 교양은, 흡사 자전거 타는 법과도 같다. 한번 배우면 일생을 두고 잊어버리지 않는 것이다.

좋은 가정을 만드는 기본

동양권의 여자는 전통적으로 결혼하면 아이를 낳아서 현모가 되려고 한다. 현모양처(賢母良妻)라는 말은 옛부터 전해내려오는 말이다. 그러나 위에서 언급한 바와 같이 가르친 것은 곧 잊어버리는 것이다. 처녀였다가 아내가 되고 아내였다가 어머니가 되는 변화는 남녀를 통하여 가장 심한 변화이며, 그것이 짧은 기간에 일어나기 때문에 매우 감동적이다.

여자는 이렇게 하여 처녀→아내→어머니의 과정을 거치게 되는데 무슨 일에 있어서나 인간은 걷고 있는 도중에서 지쳐버리고 마는 것이다. 여자에게는 처녀로서의 본질과 어머니로서의 본질을 태어나면서부터 갖추고 있다. 성장하면 처녀이며 어린애를 낳으면 어머니인 것이다. 그러나 아내는 자기 자신이 남편을 대상으로 하여 만들어가는 성격인 것이다.

인간은 누구나 귀찮은 일은 생각하기 싫어한다. 남편이라고 하는 인격을 앞에 두고 항상 아내는 뭔가를 생각하지 않으면 안 된다. 그러므로 귀찮은 아내의 위치를 떠나 훌쩍 어머니의 자리에 앉아 버린다. 어린아이는 가만히 있어도 어머니를 무조건 따라간다. 그래서 현명한 어머니는 아이에게 무엇인가 가르쳐 주려고 하지만, 생각처럼 쉽지 않다.

그러나 가정교육은 주입식이어서는 효과가 없다. 오로지 부모의 솔선수범에서 아이들은 스스로 배운다. 서구의 많은 나라에서는 반드시 가족끼리 아침인사를 교환한다. 그들은 밝은 표정으로 "좋은 아침입니다."하고 인사하는 것부터 시작해서 아침을 여는 것이다.

그것은 먼저 부부사이에서 시작된 일이다. 부모의 인사하는 모습을 보게 되는 어린아이는 '아, 아침에 일어나면 누구에게나 아침인사를 하는 것이구나.'하고 생각하여 실행하기에 이른 것이다.

그것을 어머니가 "아침인사를 해야 하는 법이다.", 이웃 아주머니에게 과자를 받으면 "감사합니다."하고 인사를 해야 한다고 무리하게 가르치려 한다. 그러므로 국민학교만 들어가도 이제 어머니에게도 인사를 하지 않게 된다.

즉 현모는 반드시 양처는 아니지만 양처는 반드시 현모라고 해도 결코 틀린 말은 아니다. 좋은 어머니이기 전에 좋은 아내가 되는 것이 선결문제인 것이다. 그것은 동시에 남자에게도 말할 수 있다. 좋은 아버지가 되려고 하는 것보다 좋은 남편이 되려고 하는 태도가 가정 안의 인간관계와 예절을 만들어가는 것이다.

남편과 아내가 잘 결합되어 있으면 아이는 그 뒤를 따라온다. 비행소년이나 성격이상자들을 보면 그들 자신의 성격에도 문제가 있으나 그보다도 부모의 사이가 원만하지 못한 가정의 아이들이 많다고 전문가들은 지적한다. 자녀의 성격 형성은 가정에서 이뤄진다. 백 명의 교사보다 더한 영향을 주는 것은 부모이다. 따라서 자식은 부모의 거울이라는 사실을 잊지 말아야 한다.

38

아내에게 낭만을 전해 주어라

20대 후반에는
한 명 정도의 어린애가 있다. 이 아이가 어떻게 자라는가 함은
당신이 아이에게 자신이 가지고 있는 무엇인가를
주느냐에 따라서 결정된다.
절대로 보여주지 않으면 안 되는 것은 남자로서
살아가는 꿋꿋한 모습이다.

교육 황폐의 참 원인이란

사람들은 교육이 황폐되어 있다고 말한다. 이 말을 들으면 그것은 학교교육의 문제라고 생각해 버리는 사람이 대다수를 차지한다. 그러나 실은 하나의 큰 원인이 다른 곳에 있다. 바로 '아버지의 교육'이 황폐되어 있는 것이다.

지금의 남성들은 자녀교육에서부터 완전히 도피하고 있는 실정이다. 20대인 지난날을 되돌아보아도 알 수 있을 것이다. 당신의 아버지는 당신에게 대체 무엇을 교육해 주었을까. 당신의 아버지는 PTA(육성회)에 몇 번이나 나왔는가. 아마 당신의 아버지는 아버지의 참관일에만 쑥스런 표정으로 교실의 한쪽 구석에 있었을 것이다. PTA의 임원을 맡고 있는 아버지는 극히 적고, 대개는 사업상 바쁘다는 이유로 회피하고 있다.

아마 당신이 고교나 대학에 진학할 때 잠깐 상담에 응해 준

것이 당신의 교육에 아버지가 기껏 관여한 정도일 것이다. 당신의 아버지는 당신이 어렸을 적에 열심히 책을 읽어준 일이 있었는가. 좋은 음악을 들려주려고 노력한 일이 있었는가. 당신이 주변에서 일어나는 현상을 상냥하게 설명해 준 일이 있었는가. 아마 그런 일이 있었다면 여름방학 때 당신이 숙제를 다 하지 못하여 쩔쩔맬 때 뭔가를 만들어준 정도일 것이다. 그러나 교실에 늘어놓은 작품은 아버지가 도와준 것이라는 정도는 교사도 충분히 알고 있다.

현대 교육에서는 그 전권을 어머니가 장악해 버렸다. PAT는 어머니가 점령하고, 그중에는 어머니들의 사교장으로 변화하거나 문화센터가 되어 버린 것도 있다.

그러나 어머니들의 치명적인 결점은 그녀들이 여자라는 사실에 있다. 자잘한 일에 집착하고, 눈앞의 이해에만 집중하기 쉬운 여자들이라는 것이다.

여자가 좋아하는 것은 안정이다. 어린애를 낳고 기르는 모성으로 볼 때에도 자기 자신이 처해 있는 환경이 안정되어 있는 것이 첫째 소망인 것은 당연하다. 태고시대에 인간이 산이나 들을 쏘다니며 수렵으로 종횡무진하고 있던 시대에도 여자는 아이를 낳기 위해서 비록 동굴이라도 좋으니 일정하게 살 장소를 원했음이 틀림없다. 그것이 현대에 와서 안정지향주의로 발전하게 된 것이다. 좋은 유치원은 좋은 국민학교로 이어지고 또한 중학교, 고등학교, 대학교까지 이어진다. 그리고 일류 회사로 직결되고 있다는 큰 착각을 하고 있는 것이다. 이 모든 것이 여자의 발상이다. 우려할 일은 이 노선에 남자까지 편승하여 어머니들의 현실적인 교육사고에 반론하지 못하게 되는 것이다. 자녀의 성적표 점수가 올라갔다 내려갔다 하는 데에 아

버지까지 울고 웃는 실정이다. 요즈음 20대 남자가 여성적이며
소심하게 되었다는 것은 여기에 원인이 있다.

교육이란 것은 한 인격의 미래를 향하여 창조해 가는 낭만인
것이다. 어떤 사람이—적어도 남자가—사회에 나온 후 가치
를 결정하는 이러한 낭만에 있다. 더군다나 낭만은 남자의 전
유물(專有物)이다. 여자에게는 작은 의미로 감상의 눈물은 있으
나 낭만은 없다.

PTA를 어머니에게서 탈취하라

일을 보아도 그렇다. 기공의 일이라고 말하는 세밀한 일을
할 수 있는 것은 남자다. 얼른 보기에는 여자가 섬세한 일에 뛰
어난 것 같은 생각이 들지만, 자잘하게 일하는 것과 세밀한 부
분까지 신경을 미치게 하여 일하는 것과는 별개의 것이다. 더
군다나 실행에 옮기는 대담성에 있어서는 여자는 남자에게 비
할 바가 못된다. 그것과 마찬가지로 자녀교육에 있어서도 남자
의 여유롭고도 큰 낭만이 필요한 것이다. 남자는 뭔가를 새로
만들어내는 능력이 뛰어나며 여자를 월등히 능가한다.

남자가 사회 속에서 무력하게 되면 사회, 혹은 국가 전체가
미래를 향하여 나아가는 희망을 잃어버리고 만다. 세계를 주도
할 국가는 항상 강한 남자들이 힘차게 활동하고 있는 국가
이다.

20대의 후반에는 한 명 정도의 자녀가 있게 마련이다. 이 아
이가 어떻게 성장하느냐는 아버지의 역할이 크다. 아버지는 확
고한 삶의 철학을 자녀에게 보여주어야 한다. 특히 남자로서
살아가는 마음자세와 몸가짐을 보여주는 것이 가장 중요하다.

자녀가 학교에 다니게 되면 아버지로서 PTA에 참여해 볼 일이다. 그리고 PTA를 어머니로부터 탈취할 필요가 있다. 그렇지 않으면 아이들은 갈수록 자기 본위의 작은 인간으로 자라고만다. 골프나 치러 가기 위해서 회사를 쉬는 아버지는 있어도 PTA에 참석하기 위해서 회사를 쉬는 아버지는 없는 실정이다.

당신은 학원에 다닌 일이 있는가. 그곳은 당신에게 있어서 즐거운 곳이었고 인생에 보탬이 되었는가? 20대 후반인 당신의 자녀는 아직 학원에 다닐 나이는 아닐 것이다. 그러나 아버지는 자녀의 성장과 함께 드러나는 특성을 눈여겨 보면서 논리적인 판단을 해야 한다. 그런 후에 아버지인 당신이 자녀에게 필요하다고 생각되는 교육방향의 큰 물줄기를 잡아줘야 한다. 자녀교육을 전적으로 아내에게 맡겨버리는 것은 지극히 위태롭다. 아니면 아버지가 어린아이에게도 그 밖에 필요한 것이 있다고 판단하여 학원에 보내지 않겠는가. 자, 어떻게 할 것인가.

㊴
술·여자·도박

무슨 일이든
흐지부지하는 것은 가장 좋지 않다.
취미에 철저히 파고들어가는 사람은 마침내 그것을
직업으로 발전시켜 나가는 경우가 많다.
그러나 취미라고도 할 수 없는
술과 노름, 그리고 여자에게 빠져들어 그 흥미에
연연하는 사람은 마침내 그 속에
함몰되고 만다.

20대에서의 나의 체험

50세 때에 나는 갑자기 원인 불명의 병에 걸려 왼쪽 신장에 대수술을 받았다. 백일 동안 입원한 끝에 퇴원했다. 그후 4개월간 근무처에 일이 있을 때만 차로 왕복하였을 뿐 다른 이유로는 한걸음도 밖에 나가지 않았다. 그리고 발병 이래 한 잔의 술도 마시지 않았다.

내가 술을 가장 많이 마신 것은 20대였다. 최고 기록으로 탁주를 두 되 칠 홉을 마신 일이 있었다. 나는 하루에 맥주 세 병, 정종 한 되, 위스키 한 병을 마시는 정도가 나의 주량이었다. 그렇게 마시고도 표면적으로는 취한 모습을 보이지 않는다. 겉으로 보아서 술을 마셨는지 마시지 않았는지를 분간할 수 없을 정도이다. 평상시처럼 싱글벙글 웃으면서 남의 말을 경청할 수도 있고, 취중에 실수한 적도 없다. 말하자면 무척

점잖은 술버릇이다. 나는 같이 마시는 사람이 없으면 술을 마시지 않는다. 저녁 반주는 거의 한 일이 없다. 그리고 또 술을 마실 기회가 없으면 몇 개월이나 마시지 않아도 무관하다. 술에 강하기는 했으나 좋아하는 편은 아니었다. 내가 술에 취한 것을 나의 친구 중에는 학창시절부터 오늘날까지 아무도 본 사람이 없다.

담배도 젊었을 때는 하루에 백 개나 피우는 초스모커였는데, 이것도 하루 아침에 끊어버렸다. 이유는 간단했다. 무엇 때문에 날마다 이렇게 엄청난 연기를 뿜어내고 있는가? 나는 담배의 노예가 아닌가? 이렇게 생각하니 나 자신이 한심스러웠다. 그래서 그 습관으로부터 벗어나야겠다고 나 자신과 약속을 하고 그 약속을 지켰다. 담배를 끊는 데는 이런 생각을 하고 자신과 약속을 하는 것이 가장 좋은 것 같다.

도박하는 일은 사회인이 된 후로는 거의 하지 않았다. 그때까지 나는 무섭게 골몰하는 성질이어서 무슨 일이든지 끝까지 파고들지 않으면 직성이 풀리지 않았다. 그래서 나는 화투 치거나 트럼프 놀이 등에 빠져 도박사의 경지에까지 이르렀다. 그 누구와 도박을 해도 결코 지지 않을 정도였다. 그러나 그런 도박의 기술을 내게 가르쳐 준 늙은 폭력배가 "도련님, 이것은 절대로 초보자들과 해서는 안 됩니다."하고 유언하고 죽었기 때문에 이것도 갑자기 끊어 버리고 말았다.

요컨대 나는 극단에서 극단으로 뛰는 기질이다. 학교 성적도 국민학교는 뛰어나게 좋았지만, 중학교 1학년 때에 학교 성적은 낙제하지 않을 정도로만 하면 된다는 것을 깨닫고는 공부다운 공부는 전혀 하지 않고, 스포츠와 독서로 나날을 보냈다. 덕분에 고교와 대학 성적은 모두가 꼴찌이다. 구제 고교는 3년이 지나는 중에 차례차례로 낙제하는 학생이 많아져 마침내는 한 클래스가 없어지는 것이 상례였다. 그래도 나는 한 번도 낙제하지 않았다. 겨우 낙제만 면하면서 졸업을 하였던 것이다.

그리고 앞에서 여러 번 언급한 것처럼 여자와는 인연이 없었다. 여성은 한없이 아름다운 동경의 대상으로서 멀리에 있는 존재였다.

이와같이 마시는 것도 거의 알콜중독자 직전까지 갔고, 노름도 손가락 하나 둘쯤은 끊어도 뗄 수 없다는 상태에까지 갔지만, 모든 것을 딱 끊어 버리고 말았다. 이유는 그것들이 쓸데없는 일이라는 것을 깨달았기 때문이다.

20대, 특히 취직한 후부터 결혼하기 전까지 독신으로 지낼 때는 참으로 노는 일에 철저히 빠져들기도 했지만 내 인생에 도움이 되는 것은 아무것도 없었다. 다만 묘하게도 담력이 생겨 어떤 상황에도 당황하지 않게 되었다는 것이다. 반면에 그것이 몸에 익숙해져서 끊임없이 노력해야 하는 의지력은 퇴화되었던 것이다.

하려거든 끝까지, 흐지부지하려거든 하지 말아라

노는 것도 머리 좋은 사람에게는 당해내지 못한다. 현대는 스포츠에 뛰어난 선수라면 고액의 소득을 올리고 있다. 사람들 중에는 그것을 시기하여 저녀석은 학교 때 성적이 자신보다 좋지 않았다고 말하는 사람도 있다. 그러나 바보라면 역시 뛰어난 선수는 될 수 없는 것이다. 폭력집단을 단속할 때 늘 느끼는 사실이지만, 그들은 머리가 나쁜 것이 아니다. 어쩌면 보통 사람보다 좋았는데, 다만 그것을 활용하는 방법을 그르친 것이다.

무슨 일을 하든 흐지부지하는 것은 가장 좋지 않다.

취미에 철저히 파고들어간 사람은 마침내 그것을 직업으로 발전시켜 나가는 경우가 많다. 그러나 취미라고도 할 수 없는 술과 노름, 그리고 여자에게 빠져들어 그 흥미에 연연하는 사람은 마침내 그 속에 함몰되고 만다.

빠져버린다는 것은 그 속에 뛰어들기 때문에 빠지는 것이다. 전혀 수영을 하지 못하는 사람은 결코 물에 뛰어들지 않는다. 갓 배운 수영 실력으로 깊은 물 속에 들어가기 때문에 익사자가 생기는 것이다.

술만 하더라도 나 같은 경우는 보통 사람이 일생 동안에 마시는 분량의 몇 배, 몇 십 배나 되는 술을 이미 마셔버렸기 때문에, 이제는 그것으로 충분하다. 지금은 연회석상에서도 차를 마시고 있다. 남들이 노름을 하고 있는 것을 옆에서 보면 그들이 초심자 같기도 하고 어린애 같기도 하여 바보스럽고 가엾은 기분마저 든다.

나는 20대의 당신에게 많은 선배들이 들려주는 경고, 즉 '술과 여자와 도박하는 일에 주의하라. 이것으로 실패하면 애석하게도 청춘과 인생을 헛되게 하는 젊은이가 많다'라고 설교할 생각은 없다. 확실히 내가 걸어온 이제까지의 과정을 되돌아보아도, 그러한 일로 인하여 인생을 망친 사람들이 많았다.

그러나 나는 20대에 할 수 있는 것이라면 할 수 있는 데까지 해보라고 권하고 싶다. 부모도 일도 일단 뒤로 하고 관심이 있는 곳에 철저히 빠져들기도 하고, 또 이 여자 저 여자도 만나보라는 말이다. 하지만 그렇게까지 할 용기가 없다면 적당하게 술을 마시고, 노름에는 아예 빠져들지 말고 오직 아내를 사랑하라. 선택은 전적으로 20대인 당신에게 달려 있다.

거룩한 덕을 이루려면 억제심이 필요하다. 억제심은 어릴 때부터 습관이 되어 있어야
한다. 만일 어릴 때부터 억제하는 버릇을 갖추면 더 많은 덕을 갖출 수 있을 것이다. 많은
덕을 구비한 사람이 억제할 수 없는 것은 아무 것도 없다.

⑩
술 마시는 것은 일이 아니다

20대인 젊었을 때에
자기의 범위를 좁혀, 술과 선물 이외의 방법으로
남과 사귀지 못하는 인생을 걷기 시작하면,
이제 세계는 당신 것이 되지 않는다.
마실 때도 절대로 비싼 술을 마시지 말아라.
값싼 술로도
족하다.

'마시는 것도 일'이란 말은 큰 거짓말이다

근래에 와서 놀랍다고 생각하는 것은 국민학생부터 대학생까지 친구들에게 선물보내기가 성행하고 있는 것이다. 여자라면 또 모르지만, 남자들까지도 그런 유행을 따른다는 것은 참으로 어이없는 일이라 아니할 수 없다. 그것은 우정을 물질로 이어가려고 하는 것처럼 느껴지기 때문이다.

최근 나와 함께 프로그램을 짜고 있는 20대인 젊은 스태프에게,

"자네들은 인기가 대단하지?"

하고 물었더니 정색을 하고 이렇게 대답했다.

"천만의 말씀입니다. 요즘 아가씨들은 차가 없거나 선물을 하지 않는 가난뱅이 남자들은 쳐다보지도 않습니다. 돈이 많은 친구들이 인기를 끌고 있습니다."

"허허허……. 돈이 곧 인기와 직결된다 그 말이군?"

"그렇습니다."

그로부터 얼마 후에 나는 아가씨들에게 물어보았다.

"요즘 아가씨들은 차를 가진 남학생들을 선호한다지? 그리고 선물을 주는 남자들을 연애 상대로 원하고……."

나의 말에 그 아가씨들은 까르르 웃은 후에 대답했다.

"그건 사실이에요. 그러나 그런 남학생들은 대체로 머리가 좋지 않아요. 남자답지도 못하고요. 우리가 그들을 만나는 것은……, 솔직히 말씀드려서, 그들을 잠시 이용하고 있는 거예요."

나는 그 말에 '허어!' 하며 입을 벌렸다. 결국 어느 경우에도 물질이 개입된 관계는 오래 계속되지 못한다는 것만은 확실하다. 그들의 우정이라고 하는 것은 서로가 서로를 이용해 먹을 수 있기에 유지되고 있는 것이다. 역시 참다운 친구는 마음이 결합된 사이인 것이다. 오직 즐기기 위해 만나는 친구는 엄밀히 말해서 친구가 아닌 것이다.

그 하나가 샐러리맨이 귀가길에 한 잔 마시는 경우이다. 황혼에 물든 거리를 걷고 있으면 샐러리맨이 주점에서 술을 마시고 있는 풍경이 눈에 띈다. 마시고 있는 사람은 하루의 피로를 풀고 있는 것이 되겠지만, 길가에서 왼손에 술잔을 들고 오른손에는 마른안주를 집어서 씹는 모습은 실로 쓸쓸하다. 그러는 시간에 집에 돌아가서 아내를 상대로 마신다면 어떨까.

20대에는 취직하면, 마시는 것도 일의 하나라고 생각하고 있는 선배에 이끌려 퇴근 후 술집을 찾는 경우가 많다. 독신이라서 귀가 시간에 대한 부담도 없다. 그래서 거의 매일이다시피 술을 마시게 되는데, 마침내는 그것이 습관이 된다. 그러면 그

것이 병폐가 되어 결국엔 귀가길에 한 잔을 하지 않으면 직무
가 끝난 것 같지 않은 기분이 되는 인간이 되고 만다. 더군다나
그러는 도중에 마시는 것도 일의 하나라는 이유를 태연하게 결
부시키고, 결국에는 그것이 당연한 논리가 되어 마시지 않으면
일도 인간관계도 못쓴다는 신념을 갖게 된다.

마시는 것도 일의 하나라고 생각한다는 것은 큰 거짓말이다.
대체 임금이란 노동의 시간과 질에 대하여 지불되는 것이다.
세상에는 술을 마시고 있는 시간까지 계산하여 임금을 지불하
는 조직은 없는 것이다.

물론 영업관계와 거래처의 접대관계로 마시는 경우도 없지는
않다. 그렇지만 따지고 보면 스스로가 마시는 것을 즐겨하여
그런 자리를 애써 만드는 사람이 많은 것이다. 그런 자리가 빈
번해지면 자칫 마시는 일이 곧 일의 연장이라는 착각에 빠지게
된다. 이런 착각에서 공금횡령이나 속임수 등이 파생된다. 우
리는 교제비라는 명목의 이상한 비용을 세제상 인정하고 있는
데, 그 금액이 엄청나다. 그 때문에 요릿집이나 바, 카바레가
번창하는 것이다. 20대 젊은 시절부터 마시는 것도 일이라고
생각하기 시작하면 이제 끝장이다. 성실하게 일하는 것을 바보
스럽다고 생각하기 때문에 허황된 꿈속을 헤매게 되는 것이다.

유효한 술 마시는 법의 터득

나는 방송국에 입사한 이후부터 계속 샐러리맨이지만 현장의
전문직업인으로 일종의 기술자에 지나지 않으므로 교제비 따위
는 한푼도 없다. 간혹가다 젊은 사원들을 식사에 초대할 때가
있는데, 그런 경우에는 모두 내 주머니에서 나오게 된다. 그렇

지 않은 경우에는 식사를 함께 해도 각자가 부담하도록 한다. 나는 계획없이 돈을 쓰지 않는다. 때문에 절대로 외상을 하지 않는다. 외상하는 버릇을 하게 되면, 그 주인과의 의리 때문에 자주 들러야 하는데, 나와 같이 바쁜 사람은 별로 술 마실 기회도 없으므로 지불하러 갈 시간도 없다. 어쨌든 외상을 하고서 가게에 들르지 못하게 되면 가게주인에게도 미안하고 나 자신도 언제나 부담스럽게 생각하게 된다. 그러므로 외상이 통하는 단골가게를 하나도 가지고 있지 않다.

지금은 술을 마시지 않아 단지 식사만 하지만 가급적이면 다른 직업을 가진 사람과 식사를 같이 한다. 상대방의 이야기 속에서 세상 돌아가는 여러 가지 정보를 얻을 수 있기 때문이다. 그러나 동업자와 자리를 함께 하면 결국 사업상의 이야기나 푸념을 털어놓기 마련이다.

20대인 젊었을 때에 자기의 범위를 좁혀, 술과 선물을 통해서밖에 남과 사귀지 못하는 인생을 걷기 시작하면 이제 세계는 절대 당신의 것이 되지 못한다. 가령 한 달에 네 번 마실 기회가 있으면 회사의 동료나 선배들과 마시는 것은 1회로 하고, 남은 3회는 학창시절의 친구나 다른 직업을 가진 사람과 마시는 편이 좋다. 한 달에 네 번 정도의 마실 기회를 두는 것이 여러 모로 유익하다.

술을 마실 때도 결코 비싼 술을 마시지 말아야 한다. 이 원고를 쓰는 도중에 마침 어느 여성지에서 '조니워커'에 대하여 어떤 이미지를 가지고 있느냐는 전화 인터뷰가 왔었다. 그래서 나는 "이전에 술을 마셨을 때 나한테는 아무래도 손이 미치지 못하는 높은 산에 핀 꽃이었다."고 대답했다. 그러나 지금은 20대의 젊은이가 아무렇지도 않게 비싼 술을 주문한다. 한번 부풀어 오른 생활은 쉽사리 줄어들지 않는다. 교제비 등으로 자신의 월급 이상의 술을 마시고 그 맛에 습관이 들면, 자기가 자기를 초월하여 허상(虛像)이 되고, 실상으로서의 자신의 모습을 찾지 못하게 된다. '나는 지금 20대의 젊은이다.'라는 인식이 항상 필요하다. 자기의 형편과 나이에 걸맞는 행동양식을 갖는 것이 무엇보다도 중요하다.

제 5 장

그대는 지금 빛나는 청춘을 살고 있는가

✳

참으로 멋진 인생을 바라는 사람이라면,
나중이라고 말하지 말고 지금 당장
해야 할 일을 시작해야 한다.

㊶
선배를 따라붙고 추월하라

최후의 목표는 선배를 추월하는 것이다.
그러나 사회생활을 하는 데 있어서 예의를 차리지 못하는 젊은이는
능력에 관계없이 소외되는 경우가 많다.
상사의 눈에 '버릇없는 놈'이라고 비치게 되면
여러 가지로 손해를 감수해야 한다.
때문에 일에 있어서는 필사적으로 선배를 추월하고
인간적으로 존중해야 한다.

목표는 높이 보고 걸어라

조직 속에서는 남보다 앞서 화려하게 출세하는 사람이 있다. 그런가 하면 아무도 하고 싶어하지 않는 일을 하면서도 별로 보답을 받지 못하는 사람도 있다. 그렇다고 해서 전자는 행복하고 후자는 불행한가 하면 반드시 그렇지는 않다. 엘리트에게는 항상 싸우는 자세를 취하고 있지 않으면 안 되는 그런 긴장감이 하루종일 요구되며, 평범한 사람은 무리를 하지 않고 편하게 살아갈 수 있는 이점이 있다.

후배의 입장에서 보면, 누구나가 장래에는 크게 인정받고 싶다는 소망이 있기 때문에 아무래도 엘리트인 선배만 눈에 띈다. 그것은 당연한 욕구이기 때문에 정상적이다. 목표를 높이 설정하는 것은 남자가 살아가는 데 있어서 가장 중요한 수단이며, 그 구체적인 형태가 손에 미치는 위치에 있어만 준다

면, 그것처럼 고마운 일은 없다. 우수한 선배의 일을 보고 배워가고 있으므로 그 조직에는 전통이 생기는 것이다.

프로야구만 하더라도 그렇다. 여러 개의 구단이 있어도 전통적으로 강한 구단이 있고 약한 구단이 있다. 강한 구단은 주전 선수들의 능력이 뛰어나다. 신인선수가 그 자리를 차지하기 위해서는 실력으로 주전선수를 능가하지 않으면 안 된다. 그래서 맹렬한 연습을 하여 마침내 그 자리에 올라서게 된다. 실력으로 인해 선수가 시나브로 교체되므로 전통적인 강세가 유지되는 것이다.

일반 사회도 역시 그렇다. 표면에서는 나타나지 않지만, 각각 그 업계에는 반드시 엘리트 사원이 있는 법이다. 업계에서는 능력이 뛰어나다고 알려진 사람으로, 타사 사람들이 도저히 따르지 못하는 수완가이다. 그는 정예의 엘리트 사원이며, 항상 씩씩하게 행동한다.

그러나 그런 사람이라고 하여도 반드시 인간적으로 완벽할 수만은 없다. 당신과 성격상·체질상으로 맞지 않는 구석도 틀림없이 있을 것이다. 예컨대 당신은 술을 좋아하는데 그는 한 모금도 못하는 사람이거나, 개인적인 관계에서 지독한 이기주의자일 수도 있을 것이다.

그러나 업무처리 능력과 좋아하는 인간유형과는 별개인 것이다. 그의 인간성이 마음에 들지 않는다고 해서 탁월한 업무처리 능력까지 싫어한다면 도저히 그 엘리트 선배의 벽을 넘을 수는 없다. 발전하는 사람은 비록 상대가 철천지 원수일지라도 그의 장점을 인정하고 그것을 배우는 사람이다. 일은 취미나 기호로 하는 것은 아니다. 어디까지나 일로서 파악하는 자세가 중요하다.

화가만 하더라도 그렇다. 청춘시절에는 자기가 동경하는 대예술가의 그림을 모방하는 것으로부터 시작하여 마침내 자기의 독특한 기술을 닦아가는 것이다. 그것은 대예술가 개인이 아니라 목표는 그 작품이기 때문이다.

이와 마찬가지로 20대인 당신이 목표로 삼을 것은 정예 엘리트의 업무영역이다. 그것을 논리적으로 분석하고 판단하여 좋은 점을 취함과 동시에 그것을 더욱 발전시키는 것이다. 이렇게 함으로써 그 선배를 추월할 수가 있는 것이다.

조직 속에서 살기 위한 필수 사항

여기서 주의하지 않으면 안 될 항목이 있다. 그것은 당신이 점점 발전하여 그 선배의 뒤를 바싹 다가가더라도 그를 라이벌로 생각지 말아야 한다는 것이다. 또 만일 당신의 후배가 당신을 능가하려고 하는 경우에 있어서도 그를 라이벌이라고 생각해서는 안 된다. 어디까지나 선배는 선배, 후배는 후배인 것이다.

왜냐하면 당신 스스로가 그를 라이벌이라고 생각한 때에는 상대는 두 걸음이나 세 걸음, 아니 어쩌면 그대가 따라붙을 수 없을 만큼 상당한 거리를 둔 저만치를 걷고 있는 것이다. 상대방이 먼저 당신을 라이벌이라고 생각하게 하는 것은 좋지만, 자신이 그렇게 생각하면 절대로 승리할 수 없다. 오히려 이때는 상대를 무시할 만한 자존심을 갖는 것이 좋다. 그것이 20대에서부터 축적된 패기(覇氣)라는 것이다.

또 잊어서는 안 되는 것이 있다. 그것은 당신의 목표가 될 수 없는 수많은 선배들이다. 그 사람 각자는 결코 두드러지지는 않지만 나름대로의 몫을 해내기에 도태되지 않고 있는 것이다. 또한 그것이 바탕이 되어 조직의 오늘을 유지하는 데 공헌하고 있고, 그것으로써 당신은 지금 그 조직 안에 있을 수 있는 것이다. 만일 두드러지지 않는 선배가 태만했다면 그 조직은 내부에서부터 무너져서, 당신은 인생의 장소를 어디에 구해야 좋을지 몰랐을지도 모른다. 이런 이유에서 당신은 선배에 대해 감사하는 마음을 잊어서는 안 된다. 그것이 조직인 것이다.

조직의 최고 목표는 같은 업종의 다른 회사와의 경쟁에서 승리하여 살아 남는 것인데, 그러기 위해서 조직에는—관청을 제외하고—흑자수지와 원만한 인간관계가 2대 조건이 되는 것이다. 그 인간관계의 하나가 선배를 섬기는 것이다.

이 경우는 업무로써가 아니라 인격으로써이다. 이를테면 당신이 가까운 장래에 선배를 추월할 수 있는 지위에 앉는 일이 있을 수도 있다. 이런 경우에도 공석에서는 따로하고 사적인 술자리 같은 데서는 선배의 상석에 앉아서는 안 된다. 조직 속에서는 이러한 인간으로서의 구분을 엄격히 지키는 인간을 좋아하는 것이다.

그런데 최근의 젊은이는 상하의 질서관계가 희박해진 사회 속에서 낳고 자랐기 때문에 이와 같은 구분을 전혀 분별하지 않는다. 학교에서도 선생님을 마치 친구처럼 대하고 있다. 그것을 허용해 주고 있는 교사도 교사지만 예의와 무례를 구분하지 못하는 학생이 더 어리석다.

사회생활을 하는 데 있어서 예의를 차리지 못하는 젊은이는 능력에 관계없이 소외되는 경우가 많다. 상사의 눈에 '버릇없는 놈'이라고 비치게 되면 여러 가지로 손해를 감수해야 하는 것이다.

사회 속에는 당신과 같은 20대도 있는가 하면 아버지나 형님과 같은 연배도 있다. 모두가 상부상조함으로써 이 사회는 지탱되고 있는데, 가장 말단에 20대가 자리하고 있는 것이다.

온고지신(溫故知新)의 정신이 20대에게는 절대 필요하다. 기성세대의 질서에 따르면서 새로운 질서 창조에 노력해야 하는 것이다.

㊷
후배에게서 배우고는 차버려라

세상은 넓고 인재는 많은 법이다.
언젠가는 당신의 능력을 앞지르는 후배가 생길 것은 당연하다.
그때 당신은 도량이 좁은 인간이 되어서는 안 된다.
오히려 인간으로서 겸허하게
그 후배의 일하는 방법을 배우지 않으면 안 된다.
그러나 배운 후에는 결단코 후배의 능력을
추월해야 함은 물론이다.

조직의 가로와 세로의 관계를 잘 알아라

대학을 졸업하고 취직을 했다고 하더라도 20대 후반에는 얼마간의 후배가 있다. 직장내에서의 후배의 속성은 대개가 엇비슷하다. 그것은 먼저 자기와 가장 가까운 연령, 즉 1년 위인 선배와 먼저 사이좋게 지내게 되어 마침내는 친구처럼 되어간다는 것이다.

후배도 사람이기에 각자 다른 인상을 선배에게 전해 주게 된다. 첫눈에 괜찮은 놈이라고 느껴지는 후배가 있는가 하면 어딘지 거리감이 생기는 유형도 있다. 언제나 옆에 와서 뭔가를 듣고 가르침을 청하여 머리를 정중하게 숙여 인사하는 후배도 있으며, 어떤 이유에서인지 멀리 물끄러미 지켜보고 있는 듯한 후배도 있다.

집단의 속성 중에는 '끼리끼리' 속성이 강하게 작용하고

있다. 즉 유유상종이다. 성격이 엇비슷하거나 취미가 같은 사
람끼리는 잘 어울리게 되어 파벌 비슷하게 그룹을 형성하고
있다. 이것은 조직이 클수록 더하다. 후배는 상존하고 있는 그
룹 중에서 자신의 특성에 맞는 그룹에 가담하게 되어 그들과
밀접한 관계를 맺게 된다. 이런 파벌주의는 숱한 억측과 소문
을 무성하게 만드는 원인이 되기도 한다. 누구와 누구는 사이
가 좋다든가, 저 사람과 이 사람은 취미가 같아서 잘 어울리는
데, 누구와는 말을 한 일도 없다라는 소문이 생기게 되는 것
이다.

　이러한 조직내의 인간관계가 크고 작게 구성원들에게 영향을
끼친다는 사실은 부정할 수 없다. 예컨대 능력을 인정받고 있
는 선배와 가깝게 사귀면 후배도 덩달아 능력에 플러스 알파를
얻게 되고, 무능력한 선배와 사귀면 마이너스 알파가 되는 것
이다. 또한 개인적인 친밀도가 인사에 영향을 끼치는 경우도
많다. 승진을 시키거나 다른 혜택을 부여하게 될 때, 그 대상
자들의 능력이 엇비슷하다면 가까운 사람을 천거하는 것이 인
지상정인 것이다.

　조직 속의 인간관계에는 크게 두 가지 유형이 있다. 그 하나
는 사장, 부사장, 전무, 상무, 부장, 과장, 계장이라는 종적인
명령계통 속에서의 인간관계이며, 다른 하나는 부서 안에서 같
은 일을 맡은 사람끼리의 관계이다. 이것은 주어진 일에 따라
자연스럽게 형성되는 횡적인 관계이다. 이를테면 당신이 오늘
어디어디에 영업을 나가야 하는데 일일이 사장의 명령을 받을
수는 없는 일이다. 그래서 바로 윗 상사에게 명령을 받으면
된다. 따라서 당신은 사장보다도 계장과 밀접한 인간관계를 갖
는 것이다. 이 관계에서 당신이 계장과 사이가 좋고 일이 잘 진

척이 되면 그 회사도 그만큼 이익이 오르는 것이다. 그 부차적 인 이익이 당신에게도 돌아가게 된다.

횡적인 관계에는 자칫 빠지기 쉬운 오류가 있다. 일의 분배 가 윗사람의 감정에 따라 결정되는 것이 그것이다. 계장이 A와 는 인간관계가 각별할 때 업무에서도 신뢰하는 경우가 생길 수 있다. 사실 B가 그 업무에 적합한데도 A를 시키는 것이다. 이 런 경우 회사는 그릇된 인간관계로 적자를 초래하게 된다.

사내의 인간관계는 어떤 형식으로든지 조직의 이익으로 환원 시키지 않으면 안 되는 것이다. 그것이 동시에 당신과 후배와 의 사이에도 해당되는 문제인 것이다.

우수한 후배와의 교제

선배이기 때문에 모든 후배보다도 우수한 일을 할 수 있다고 생각한다면 큰 잘못이다. 가능하다면 후배보다도 뛰어나고 선 배도 가볍게 뛰어넘을 정도의 실력이 있으면 더할 나위 없이 좋겠지만, 곳곳에서 인재가 끊임없이 배출되어 나오므로 반드 시 후배보다 뛰어나야 한다는 독단은 무리이다. 세상은 넓고 인재는 많은 법이다. 언젠가 당신의 능력을 앞지르는 후배가 생길 것은 당연하다.

그때 당신은 도량이 좁은 인간이 되어서는 안 된다. 오히려 인간으로서 겸허하게 그 후배의 일하는 방법을 배우지 않으면 안 된다. 학창시절의 시험에는 100점에서 0점까지의 간격이 있 었으나, 직업사회에는 그토록 큰 능력차는 없다. 다만 사소한 차이가 쌓이고 쌓이는 것이 이 사회인 것이다. 즉 1점을 쌓느 냐 2점을 쌓느냐의 차이인 것이다. 하루 이틀의 차이는 정말

미미하여 파악되지 않을 정도이지만, 그것이 10년 정도 계속되면 엄청난 차이를 보이는 것이다.

그 원천이 되는 능력은 예술이나 학문 분야에서처럼 천재적 능력이 결코 아니라 계단을 하나하나 밟아가는 꾸준한 노력에 있는 것이다. 최후에 높은 곳까지 오르기 위해서는 후배라고 하더라도 뛰어난 능력을 가진 사람으로부터는 그 방법을 흡수하려고 노력하는 편이 득인 것이다. 그러면 생각지도 않았던 새로운 바람이 자기 속을 뚫고 나갈 것이 틀림없다. 그러나 배운 후에는 결단코 후배의 능력을 초월해야 함은 물론이다. 비정한 것 같지만 차버릴 정도의 기분이 없어서는 안 된다. 후배로 하여금 역시 선배에게는 당할 재간이 없다는 절망에 빠지도록 만들어 버려야 한다는 말이다.

조직 속에서 사는 흥미는 여러 종류의 잡다한 인간과 사귈 수 있는 것이다. 모두들 표면상으로는 웃고 있어도 한 껍질을 벗기면 정상을 목표로 한 심한 경쟁을 하고 있다. 프로야구의 선수가 아홉 개의 포지션을 둘러싸고 맹연습을 하는 것과 마찬가지다. 양보하고 늦어서는 언제까지 가도 2군의 생활이 아니면 벤치에 앉아 보결 선수로 있을 수밖에 없다. 샐러리맨은 거기에 비하면 연공 서열이라는 길에 있어 상당히 온화하고 순탄한 편이지만, 그래도 신입사원 시절의 극소한 차이가 시간이 지나감에 따라 가위 모양으로 벌어져 한편은 이미 부장인데 다른 한쪽은 만년 평사원으로 있다고 하는 어떻게도 할 수 없는 정경이 사내에 나타나는 것이다.

한번 패한 편이 되면 조직 속에서는 좀처럼 일어서기가 어려운 것이다. 그렇게 되지 않기 위해서는 20대에 마음의 폭을 넓게 해야 한다. 선배로부터 후배까지의 긴 종적인 관련을 응시

하고, 뛰어난 능력에는 무릎을 꿇고 가르침을 청하는 겸허함
과, 그 배움을 바탕으로하여 나날이 발전하는 능력을 쌓는 것
이 바람직하다.

㊸
아침에 인사하는 가정을 만들라

외국인은 인사를 아주 잘한다.
특히 아침인사를 아무에게나 한다.
이것은 매우 기분 좋은 습관이다.
인사는 말이 통하지 않는 이국인 사이에도
따뜻한 인간애를 전해 주게 된다.

인사—마음을 열고 상대에게 가까이 가는 것

신혼, 인생에 있어서 이토록 즐거운 한때는 없다. 흔히 신혼시절을 꿀처럼 달콤하다는 말로 표현한다. 그런데 이상한 일은, 이 달콤한 시절을 늙을 때까지 기억하고 있는 사람은 거의 없다는 사실이다.

만일 신혼 때에 느꼈던 꿀의 달콤함을 잊지 않고 몇 년 또는 몇 십 년이나 살 수 있는 부부가 있다면, 그것은 세계 제일의 행복한 부부임에 틀림없다. 결혼식의 피로연에 참석한 사람의 대부분이 이제부터 두 사람은 인생의 거친 파도에 시달림을 받게 될 것이라는 의미의 말을 한다. 이것은 뒤집어서 말하면, 어떤 사람이라도 신혼시절의 즐거움보다도 그 후에 온 쓰라림을 더 많이 체험하고 있기 때문일 것이다.

우리는 오랫동안 상하 관계를 중심으로 한 가부장제도(家父長

制度)를 취한 집에서 살아왔기 때문에 부모와 자식간의 결합은 매우 강하지만, 남편과 아내라고 하는 횡적 관계는 그만큼 약하게 되어 있다. 우리와는 반대로 서구(西歐)는 이 점이 강하다. 서구에서는 여성을 대자연과 동일선상에 놓아 아름다운 존재라고 하는 고대 그리스 신화 이래의 의식이 살아 있기 때문일 것이다. 우리의 철저한 남존여비의 의식에 비하여 서구사람들의 부부애는, 남편과 아내 이전에 한 사람의 남자와 여자의 사랑이 놓여지고 있다. 이러한 의식에는 장점이 있는 반면에 단점도 있다. 한번 환멸을 느끼면 가정보다도 개인으로서의 남자와 여자의 감정이 우선하기 때문에 즉시 이혼으로 달린다는 사실이다. 이것은 동양과 서양의 문화 차이이겠지만, 우리로서는 쉽게 납득할 수 없는 일이다. 우리 사회에서의 이혼은 어디까지나 가정을 유지할 수 없다는 시점(視點)에서 행하여지기 때문에 어딘지 모르게 어두운 그림자가 있다.

중요한 것은 남편과 아내가 서로 마음을 열고 서로의 마음을 헤아리면서 살아가는 것이다. 외국인은 인사를 아주 잘 한다. 특히 아침인사를 아무에게나 한다. 이것은 매우 기분 좋은 습관이다.

나는 다른 지방에 가면 국내에서나 외국에서나 가리지 않고 아침 일찍 시내를 산책한다. 외국에서는 남반구의 더위 속에서도, 또 시베리아의 혹한 속에서도 6시 반에는 호텔을 나와 8시까지 걷는다. 그런 후 8시에 아침을 먹고 9시에는 일을 착수하는 것이 정해진 순서이다. 아침의 거리는 그 나라나 도시의 일면을 잘 드러내고 있다. 시민이 몇 시경에 일어나고 노동자는 어떤 식으로 출근하는가, 혹은 아침 시장에는 어떤 물건이 나오고 있는가를 관찰하면 그들이 생활하는 모습을 알 수 있다.

그때에 오다가다 만나는 사람들이 외국인인 나에게 반드시라고 해도 좋을 정도로 "안녕."하고 말해 주는 것이다. 동독과 서독에서는 그것이 가장 인상에 남았으며, 남미의 파라과이나 아르헨티나, 그리고 바이칼 호의 호반에서도 마찬가지였다.

그러면 나도 서툰 발음으로 "안녕하십니까."하고 인사하면서 '아, 이 도시에 오기를 잘했구나'하고 생각한다. 인사는 말이 통하지 않는 이국인 사이에도 따뜻한 인간애를 전해 주는 것이다.

아침인사를 20대 초기에 확고하게 몸에 익혀라

독일의 네루트링겐은 인구 2만 명 정도의 소도시다. 이곳은 중세기의 자유도시 그대로의 면모를 간직하고 있다. 도시 주변을 원형으로 성벽이 둘러싸고 있고, 두꺼운 성벽 아래에서부터 5미터가 되는 높은 곳은 넓이 1미터 정도의 복도로 되어 있다. 나로서는 꿈 같은 산책길이며 틈만 있으면 거기를 걸었다.

그 중에 어떤 한 길은 베란다를 꽃으로 장식한 아름다운 맨션과 마주보고 있는 곳이 있었다. 어느 날 아침 7시경에 내가 성벽의 복도를 걷고 있는데, 한 쌍의 젊은 부부가 베란다에서 커피를 마시고 있었다. 그리고 나를 보자 밝게 웃는 얼굴로 "안녕."하고 말해 주었다. 나도 손을 흔들며 "안녕."하고 답례하였다.

그날 이후 아침 산책할 때마다 그 부부를 보게 되었다. 우리는 마치 오래전부터 알고 지내던 사람들처럼 정답게 인사하며 손을 흔들었다. 그것이 인연이 되어 며칠 후 그 집에 초대받았고, 우리는 마음을 터놓고 이야기할 수 있었다. 지금도 계속

나는 서독에 있는 친구의 한 사람으로 삼고 있다.

나는 결혼식에 나가면 이런 말을 주로 하고 있다. 앞에서도 언급했지만, 부부생활에 있어서 매우 중요한 말이므로 다시 한 번 서술한다.

"축하합니다. 두 사람은 이제부터 손에 손을 잡고 인생의 긴 길을 걷게 되었습니다. 부부는 길고 긴 대화를 하면서 걷는 것입니다. 그 대화의 계기가 되는 것이 인사며, 특히 아침인사입니다. 나는 아침인사가 있는 부부는 멋있는 부부라고 생각하고 있습니다. 인사하는 행위는 마음도 열고 상대에게 가까이 가는 것입니다.

아무쪼록 내일 아침부터 아침인사를 하는 부부가 되어 주십시오. 그리고 1년 후에도 계속 두 분 사이에 아침인사가 있으면 두 분은 멋있는 신혼 가정을 만들고 있는 것이며, 5년 후에 어린아이들 사이에도 아침인사가 있으면 훌륭한 가정을 영위하고 있는 것이 틀림없습니다. 또한 20년, 30년, 40년, 50년 후에도 두 분 사이에 아침인사가 있으면 그 인생은 성공적인 인생인 것입니다.

부디 인사하는 부부가 되십시오."

이 말은 모든 사람이 기억하고 실천해야 할 말이지만, 특히 20대의 신혼부부가 일생 동안 지켜야 할 삶의 예절이며 지혜라고 할 수 있다.

㊹
저금하는 것을 수치로 여기지 말라

인간은 항상 불시의 재난을
생각해 두는 편이 좋다. 언제, 어디서
불의의 사고가 도적처럼 닥칠지 모르는 것이 인생이다.
그런 때에 가장 힘이 되는 것은
저축이다.

경제관념이 없으면 가정은 지속하지 못한다

결혼이란 신혼여행에서 돌아온 이튿날부터 현실생활이 시작되는 것이다. 현대의 아가씨들은 대체로 결혼할 때까지 직장생활을 하고 있으므로, 남자의 월급이 얼마 정도인지를 알고 있으며, 결혼 조건으로서도 남자의 수입을 생각하고 있다.

예로부터 '혼자 입은 먹기 어려워도, 두 사람의 입은 먹을 수 있다'라는 말이 있다. 미혼시절의 급료를 생각하면 이것으로 먹고 살 수 있을까 하고 불안해지지만, 막상 두 사람이 살아보면 어떻게든 꾸려나가게 되는 것이다. 물론 용돈은 혼자 있을 때의 절반쯤밖에 안 되는 것은 어쩔 수가 없다. 그 몫만큼 가정을 만드는 즐거움이 있는 것이다.

그러나 때로는 계산이 어긋나서 부모에게 손을 벌리는 일도 생기겠지만, 이런 경우에는 인내력을 키워야 한다. 남자가 결혼을 하면 이제 스스로의 가정을 책임져야 하는 어엿한 가장인 것이다. 그런데 결혼을 하고서도 부모의 도움을 바라고 있다면, 가장으로서의 자격이 없다.

나는 프랑스와 독일 그리고 러시아에 갔을 때, 그곳 처녀들에게 어느때 쯤 시집가겠느냐고 질문한 일이 있었다. 그러자 그녀들은 "나는 벌써 내 장롱 서랍에 냅킨 몇 장을 준비해 두고 있으므로 언제든지 시집갈 수 있어요."하고 대답했다. 말하자면 아내가 될 준비는 이미 되어 있다는 말이다. 그쪽 나라에서는 식사할 때마다 테이블 위의 냅킨이나 테이블 클로스를 바꿔까는 습관이 있기 때문이다.

그런데 우리의 아가씨들은 결혼을 이상적으로만 생각하는 경향이 있다. 실속보다는 먼저 외향에 치우쳐 상대를 선택한다. 남자가 잘생기고 키가 크다느니, 일하고 있는 회사가 어떻다느니, 결혼식장은 어디로 하고, 신혼여행은 어디로 간다느니 등등 생활에서 동떨어진 부분들을 생각하고 있다. 신부될 아가씨의 사고가 현실에서 동떨어져 있다는 것은, 정작 부부로서 갖추고 있어야 할 소양이 결여되어 있다는 것을 의미한다.

가정은 사랑과 경제와 건강의 3대 조건으로 성립하고 있다. 누구나 젊었을 때는 건강할 것이고 좋아하는 사람끼리 결합하였으므로 사랑도 있을 것이다. 문제는 경제에 관한 것이다. 특히 풍요로운 환경 속에서 성장한 오늘의 20대는 거의 이러한 관념이 마비되어 있다고 해도 과언이 아니다. 돈을 규모 있게 쓸 줄을 모르고 조그마한 지출에는 신경을 쓰지 않는다. 그래서 수입에 비해 지출이 많은 경우가 생기기도 한다. 적자 가계의 운명인 것이다. 또한 10개 중에서 3개밖에 살 수 없는 형편이어도, 나머지 7개를 어떻게든 사려고 한다. 남이 가지고 있는 것은 나도 가지고 있어야 한다. 남들이 자가용을 가지고 있으니까 나도 가져야 한다는 식의 과시형 과소비에 돈을 지출하고 있다.

유사시에 의지가 되는 것

20대, 특히 신혼 때에는 집안을 조금이라도 화려하게 장식하려고 하는 의식과, 앞으로 생활을 어떻게 꾸려나갈 것인가에 대해 생각하게 된다. 그러면서도 전자에 이끌리게 되는 것이 20대이다. 어디까지나 후자는 나중이다. 외향적인 것은 충족하고나서 저축을 하겠다고 생각하는 것이다.

신혼 초의 부부는 미혼시절의 타성이 남아 있기 때문에 상대에게 좋은 점을 보이려고 노력하게 된다. 그래서 옷을 산다든가, 며칠 후 싫증을 내고 버리게 될 값싼 장식물 등을 사들인다. 요즈음 많은 젊은이들은, 특히 아가씨들은 각자의 독특한 취미생활을 하고 있다. 그 중에는 자랑이라도 하듯 자기 취미에 맞는 물품을 사기도 하는데 그 안목은 알만한 것이어서 상점을 기쁘게 할 뿐이다.

내가 당신에게 권장하는 것은 저축이다. 인간은 항상 불시의 재난을 생각해 두는 편이 좋다. 젊었을 때는 몸 하나로 어떻게든 된다고 생각한다. 확실히 그렇다. 그리고 또 그만한 기백이 없어서는 젊은이가 아니다. 그러나 언제, 어디서 불의의 사고가 도적처럼 닥칠지 모르는 것이 인생이다. 그런 때에는 당신을 구원해 주는 것이 아내와 부모와 돈이다.

만약 부모와 아내는 있는데 돈이 없으면 어떻게 할 것인가! 돈이란 원래 급할 때는 잘 구해지지 않는다. 당신이 주변의 사람들에게 신용을 얻고 있다면 도와주는 사람이 있겠지만, 그렇지 않은 경우에는 어디에서도 구할 수 없게 된다.

지금 와서 생각하면 부끄러운 일이지만, 내가 가정을 갖고 처음으로 저금통장을 손에 든 것은 결혼하고 3년째였다. "으응, 이것이 저금통장이라는 것인가!" 하면서 아내와 감탄했던 기억이 지금도 새롭다. 그때 나는 비로소 가정생활을 하고 있다는 실감을 가졌다. 1958년이었기 때문에 불과 수천엔의 저금이었지만, 그래도 새삼스럽게 20대 후반의 내가 지금 세상이라는 구조 속에서 어떤 존재가 되어 있는가를 인식하였다.

내게 많은 취재기자들이 오는데, 그들은 반드시 취미는 무엇이냐고 묻는다. 지금의 나는 취미를 위해서 쓸 시간이 전혀 없으므로 독서와 저금이라고 대답한다. 그러면 기자들의 대부분이 웃는다. 실제에 있어 수입의 전부를 아내에게 맡기므로 대체 저금이 있는지 없는지도 모르지만, 이렇게 대답해 주면 기사에서는 누락된다. 아마도 취미를 저축이라고 쓰면 독자들이 농담이라며 웃어 버릴 것이 틀림없기 때문이다.

이와같이 저축은 인간에게 필요한 것이면서도, 돈을 모은다는 사실을 천시하는 경향이 짙다. 그러나 인간은 먹는 것만으로는 살아가지 못한다. 배설이라는 더러운 행위도 하지 않으면 안 된다.

저축은 남아도는 돈으로 하는 것이 아니다. 풍족하진 못한 상태에서도 근검 절약하여 조금씩조금씩 모아가는 것이다. '티끌 모아 태산'이라는 말이 있듯 한푼 두푼의 저축이 나중에는 큰 재산으로 형성된다. 저축으로 축적된 재산은 삶을 안정시키는 기반이 된다. 그렇기 때문에 20대에서부터 착실히 저축의 생활화가 몸에 배야 하는 것이다.

㊺
아내에게 용돈을 주어라

전자제품이 나돌고
인스턴트 식품이 식탁의 주류를 이루고 있지만,
역시 가사라고 하는 것은 여자가 아니면 안 되는 일이다.
거기에 대한 보수라고 할 수는 없겠지만,
아내에게 감사하는 마음의 표시로 일정한 용돈을
책정해 놓는 것이 좋다.

가계부는 분명히 정리해 둘 것

연령을 불문하고 샐러리맨의 공통된 소망은 용돈이 조금 더 증가되었으면 하는 것이다. 월수입의 13~15%가 남편의 평균 용돈이다. 이 용돈을 제외한 일반가정의 가계는 식비 35%, 저축 15%, 광열·전화비 15%, 교육비 15%, 교양·오락비 2~3%, 아내의 용돈 2~3%가 기준이다. 놀라운 것은 이러한 통계 속에 주택비가 포함되어 있지 않다는 점이다. 따라서 주택을 가지고 있지 않은 가정에서는 굉장한 금액이 월수입에서 지출되기 때문에 종목별에 들어가는 프로센토가 뚝 떨어져서, 식비나 남편의 용돈이 줄어든다.

여기서 생각하지 않으면 안 될 것이 있다. 그것은 아내의 용돈인데, 가계에 여유가 없기 때문에 아내의 용돈 항목은 아예 없어져 버린다. 그래서 꼭 필요한 때에는 다른 항목에서 변통하여 맞추는 수단을 쓰게 된다.

앞에서 언급했지만, 예전에는 남편이 월급봉투에서 자기가 쓸 만큼 충분히 용돈을 제하고 남는 것만 아내에게 줬던 가정이 85%였다. 그런데 지금은 월급봉투를 뜯지 않은 채로 주거나 은행구좌로 불입되는 가정이 87%인 것이다. 12%가 마음대로 쓴다고 하더라도 남자는 가계를 생각해서 빼낼 것이다. 따라서 불과 1% 정도의 가정만이 남편이 경제권을 완전히 장악하고 있는 서구에서의 가정경제 상태를 유지하고 있는 것이다. 생각해 보면 여자들이 선거권을 획득한 것과 함께 경제권 마저 획득한 것이다.

27세 때 결혼한 나도 봉급의 전액을 아내의 손에 넘겨주었다. 그러자 아내는 "수고하셨습니다. 알뜰히 쓰겠습니다."하고 말한 후에 신주(神主) 앞에 놓고 기도를 올렸다. 그리고 거기에서 내게 일정량의 용돈을 주었다.

나의 급여가 다른 직장에 비해 상대적으로 적었기에 용돈도 적을 수밖에 없었다. 실로 참새의 눈물만큼이라는 표현이 적절할 정도였다. 그래도 나와 아내는 신주 앞에 감사를 드릴 만큼 젊고 순수했다.

샐러리맨의 가정에서 희귀하게도, 나와 아내는 상인 가정의 출신이기 때문에 집안에 신주를 모시고 있는데, 지금은 급료도 은행을 통해서 지불되어 신주도 무색하게 되었다.

나와 아내는 처음부터 돈을 쓰는 방법에는 매우 서툴었다. 두 사람이 모두 가게의 책상서랍만 열면 거기에는 돈이 들어 있는 장삿집에서 자랐기 때문에, 결혼한 후에도 미혼시절의 습관을 버리지 못했다. 때때로 나는 봉급쟁이라는 사실을 잊고 있을 때가 있었다. 그것은 아내도 마찬가지였다. 말하자면 지출이 일정하지 않았고, 금전출납도 주먹구구식으로 하였다.

그것이 은혼식(銀婚式)이 지난 지금까지도 별로 변하지 않고 있다. 나는 5분 간격으로 세워진 스케줄에 따라 행동하고 있으므로 시간관리는 철저하지만, 돈관리만은 지독히도 태만하다. 매월 수입과 지출은 적지도 않는다. 그래서 세금을 내는 매년 3월 초가 되면 1년분을 종합하여 혼자 계산하기 때문에 2일이나 3일 정도를 철야 소동을 벌인다. 다른 일에는 비교적 영리한 아내도 세금에 대해서는 전혀 내용을 모르고 나의 악전고투를 멍하니 보고 있을 뿐이다. 내년부터는 이런 어리석은 짓을 하지 않겠다고 생각했지만, 그때가 되면 또 마찬가지다. 역시 가계는 그때그때 제대로 기록해야 할 일이다.

이런 상태이고 보니 아이들까지 부모를 본받게 된다. 나도 몇 번인가 아내와 상의하여 가계를 비용별로 봉투에 넣어본 일이 있으나 2개월도 계속하지 못하였다. 마음가짐의 문제인 것이다. 이제 와서 생각해 보면 아내가 가난한 살림을 어떻게 꾸려왔는지 알 수 없다. 세금을 계산하고 나면 수지와 결산이 맞으므로, 적자는 없다는 사실을 짐작할 뿐이다.

나는 나의 주먹구구식 가계 운영을 분명히 후회하고 있다. 그래서 20대인 당신에게 충심으로 충고하고 싶은 것이 있다. 그것은 가계를 할당할 때에 당신의 용돈과 마찬가지로 아내의 용돈도 분명히 정해 주라는 것이다. 맞벌이하는 경우는 각각 자기 급료 중에서 쓰면 되지만, 집에 있으면서 가사와 육아에만 전념하고 있는 부인에게는 역시 납득이 갈 만큼의 일정한 용돈을 주어야 하는 것이다.

여자는 비교적 겸허하기 때문에 대부분은 "저는 괜찮아요." 하고 말할 것이다. 그렇지만 가사노동에 대한 성의는 표시해야 한다. 아내에게도 꼭 돈을 써야 할 경우가 있다. 그때그때 가계의 이곳 저곳에서 변통하여 쓰는 것보다도 재량껏 쓸 수 있는 용돈이 있다면 한결 넉넉한 여유를 갖을 수 있을 것이다.

전자 제품이 나돌고 인스턴트 식품이 식탁의 주류를 이루고 있지만, 역시 가사라고 하는 것은 여자가 아니면 안 되는 일이다. 거기에 대한 보수라고 할 수는 없겠지만, 감사하는 마음의 표시로 일정한 용돈을 책정해 놓는 것이 좋다. 가족은 그러한 사소한 기쁨을 서로 나누면서 정서적으로 종합되어가는 집단인 것이다. 오히려 남편인 당신의 용돈을 다소 줄여서라도 아내에게 용돈을 주라고 당부하고 싶다. 남자의 금전감각은 만엔에도 둔감하지만 여자는 천엔에도 예민한 것이다.

㊻
남자는 늠름함을 잃지 말아라

남자가 잃어서는 안 되는 것은 늠름함이다.
이 늠름함이야말로 남자로서 살아갈 기개이다.
늠름한 남자는 스스로의 훈련 속에서 탄생한다.
끊임없는 노력과 끈기가
늠름한 남자를 만든다.

결단력은 남자의 전유물이다

"남자는 세계가 자신이지만, 여자는 자신이 세계이다."

괴테의 말이다. 남자의 입장에서 보면 여자의 우주는 실로 작다. 눈앞의 일에 급급한다. 남이 이렇게 말했다, 저렇게 말했다는 등의 소문에 구애받는다. 남자는 까맣게 잊고 있는 사소한 과거사를 몇 십 년이 지난 후에도 어제의 일처럼 기억하고 있다.

그런 천성으로 인하여 여자는 조심스럽게 세상을 살아간다. 남자가 보면 시시한 일이라도 남에게 무슨 말을 듣지 않을까 하고 신경을 쓴다. 그것은 여자라고 하는 성이 대자연과 동일하게 아름다운 존재이기 때문이다.

아름답고 싶다는 것은 여자의 본능이다. 그래서 정성스럽게 화장을 하고 외모에 각별히 신경을 쓴다. 부모님이 세상을 떠나 하늘이 무너져내리는 듯한 슬픔 속에서도 여자는 상복의 매무새에 신경을 쓴다. 아름다움에 관해서는 때때로 말이 변한다. 여자가 지금은 이렇게 말했는데도, 다음에는 태연하게 전혀 다른 소리를 내기도 한다. 이것이 여자이다. 여자에게는 갈등이 많다. 그것은 어느 편이 더 아름다운가의 선택을 끊임없이 구하고 있기 때문이다. 이것을 흔히 '변덕'이라고도 하는데, 여기에 여자다움이 있다. 여자는 분명한 결단을 내리지 못한다. 그래서 누군가가 결단을 내려줘야 한다. 그 결단을 내려줘야 할 사람이 바로 남자이다.

장래에, 즉 당신들이 사회의 제1선에서 활약하는 시대가 되면, 여성의 사회진출은 자녀의 출산율에 반비례하여 왕성하게 되어 갈 것이다. 그러나 그런 시대가 되어도 여자가 절대로 남자를 당해낼 수 없는 것은 이 결단력이다. 그것은 인간의 신체 구조가 바뀌지 않는 한 어디까지나 남자의 전유물이다.

그런데 여자를 중심으로 한 가정이 사회의 중요한 단위가 됨에 따라서 남자가 차츰 그 남자다운 기상을 잃어가고 있다. 여성문화의 범람 속에서 남자가 온실에서 재배되는 식물처럼 되어 버린 것이다. 이미 가정 경제의 주도권과 자녀교육의 전권이 어머니에게 넘어갔다. 또한 생활에 관련되는 대부분의 활동은 여자가 독점하고 있다. 이러한 현실이 남성의 기질을 싹부터 억누르고 있다.

요즈음 20대들은 유행에 민감하다. 남자가 머리 모양에 신경을 쓰고 귀걸이를 한다. 또한 힘든 일을 기피하고 목전의 이익만을 생각한다. 눈치가 빠르며 이기주의적이다. 혼자서 사색하기보다는 누군가와 함께 어울려 놀기를 좋아한다. 여자처럼 말이 많아졌다.

이러한 것 모두가 여성문화의 산물이다. 어머니의 손에 의해 양육된 자녀들이 아버지의 문화, 즉 남성문화를 배우지 못했기 때문에 생기게 된 기현상인 것이다.

남자다움·늠름함은 무엇으로 정해지는가

우화에 닭장에서 자란 독수리 이야기가 있다. 독수리는 닭들하고만 살았기에 자기가 창공을 지배하는 새들의 왕 독수리인 줄도 모르고 지낸다. 지금 그대가 우화 속의 독수리는 아닐까? 강하고 힘찬 남성의 기상을 잃어버리고, 여자의 마음으로 살아가고 있는 것이 아닐까?

남자가 잃어서는 안 되는 것은 '늠름함'이다. 이 늠름함이야말로 남자로서 살아나갈 기개이다. 여자처럼 옹졸하게 살아갈 남자라면 차라리 지구를 떠나는 것이 낫다. 세상은 남자다운 남자만 존재하면 된다. 그런 사회가 나날이 번창하고 정의가 살아있게 된다.

늠름한 남자는 스스로의 훈련 속에서 탄생한다. 끊임없는 노력과 끈기가 늠름한 남자를 만든다.

지금 20대는 보다 편한 것만 찾고 있다. 이 세상에 노력하지 않고 성공하는 방법 같은 것은 하나도 없다. 독서, 스포츠, 사회봉사, 무엇이든 다 좋다. 자기 심신의 단련에 소용되는 것, 후에 가서 자기는 20대에 저런 일에 전념하였다고 자랑스럽게 생각할 수 있는 뭔가에 전력을 다할 일이다.

나 자신은 20세 전후에 구제 고교 6백 명의 학생을 수용하는 자치 기숙사의 책임자로서 2년간 일했다. 더욱이 그때는 종전 직후로 식량난에 시달릴 때라, 나는 600명에 달하는 학생들의 세끼 식사를 어떻게 제공할 것인가에 동분서주했었다. 그리고 사상탄압과 전쟁 때문에 폐쇄되었던 자치활동—지금의 클럽활동—을 학교 당국과 피나는 교섭을 하여 재개하였다. 그런 와중에서도 전쟁 고아들을 돌보는 데 열정을 쏟았다.

학교의 수업에 나갈 틈은 없었으나 구제 고교와 대학을 통하여 도서관의 책은 철저하게 독파하였다. 나의 학창시절, 구체적으로 아무런 성과도 오르지 않았고 기념이 될 만한 것은 하나도 남아 있는 것이 없지만, 어쨌든 무엇인가를 했다는 만족감만은 지금도 마음속 깊이 농도 짙게 남아 있다.

남자의 늠름함 중의 또 한 가지는 여자 따위는 쳐다보지도 않아야 한다는 것이다. 향을 싸고 있는 종이에서는 향내가 나는 것은 당연한 일이다. 사나이답게 가슴을 펴고 대장부의 길을 걸어가는 남자에게 참다운 여자는 반하는 것이다. 눈에 불을 켜고 같이 즐길 만한 여자는 없는가 하고 찾아다니고 있는 20대가 많지만, 그들에게 따라오는 여자치고 변변한 여자는 없는 것이다.

20대에 무엇인가를 한 남자가 승리한다. 20대는 당신 생애의 성격을 만드는 최후의 준비기간이다. 20대의 성격은 일생 동안의 성격이다. 그러므로 지금 당신은 필사적이 되어 당신의 일생을 세우지 않으면 안 된다.

㊼
자연을 사랑하라

인간은 자연의 일부에 지나지 않는다.
자연으로부터 왔다가 자연으로 돌아가는 존재가 인간이다.
자연의 경이에 겸손할 수 없는 사람은
삶에도 경건할 수 없다. 20대는 대자연 속에서
삶의 깊고 깊은 의미를 추론할 수 있어야 한다.

지금도 마음에 남은 한 송이의 석남꽃

나는 바다를 보기 좋아한다. 아무리 격심한 일을 하고 지칠
대로 지쳐 있어도 어딘가에 가서 바다를 바라보면 순간적으로
마음이 편해진다. 파도소리를 들으며 바다냄새를 마시고 있으
면 가슴이 탁 트이면서 살아있는 것이 즐거워진다.

나는 중학생 때 수영선수였다. 4학년 때는 태평양의 거친 파
도를 헤치고 16킬로미터나 수영을 했었다. 그 체험을 통해 나
는 용기와 인내와 체력을 키웠다. 국민학교를 졸업할 때까지는
병약하여 발 하나도 깊은 물에 들여놓는 일이 없었던 나였다.
부모나 교사도 항상 염려의 눈으로 나를 지켜보며 힘든 운동을
못하게 했다. 중학교 1년 때 이래서 안 되겠다는 생각이 들
었다. 그래서 수영을 할 줄 모르면서도 사정하여 수영부에 들
어갔다. 내 인생의 최대 전기였다. 그리고 중학시절의 기억은

오직 수영한 것 이외에는 아무것도 없다. 그 뒤는 전쟁이었다.

그리고 나는 꽃을 좋아한다. 방송인으로 20여 년을 정신없이 살아온 나에게 가장 큰 위안을 준 것은 꽃이었다. 업무로 인해 지방에 가서도 길가에 핀 한 송이의 들국화를 보면 발걸음을 멈추고, 들국화가 의연하게 살고 있는 모습을 보고 감동한다. 지금 이렇게 원고를 쓰고 있다가도 문득 정원을 내다보면 석남 화가 혼을 빨아들일 것 같은 아름다움으로 겸손하게 피어 나의 붓을 멈추게 한다.

"나뭇잎의 흔들림과 바람소리에도 조용히 귀기울이는 마음은 예술을 사랑하고 인간을 사랑하는 마음이다."

내가 몹시 존경하는 희극배우 찰리 채플린의 말이다. 20대 무렵부터 나는 몇 번이나 이 말을 반복하여 자기의 마음에 들려주고 또 남에게 말하고 그리고 써 왔던가.

내가 언제부터 꽃을 사랑하게 되었는가는 명확하지 않다. 중학교 때 전철을 타고 통학했는데, 가는 도중에 있는 2층집 베란다에 사계절을 통하여 그때그때의 꽃을 꾸며놓은 집이 한 채 있었다. 전차가 통과하면 불과 3,4초 동안 그것을 차창 밖으로 바라다볼 수가 있었다. 그것을 보고 싶어서 나는 왕복할 때 차 안에 앉을 자리가 있어도 앉지 않았다. 문 옆에 서서 그 집에 가까워지면 눈도 깜박거리지 않고 응시하였다. 그것이 버릇이 되어 지금도 이따금 전차를 타면 문 옆에 선다.

구제 고교 때 우연히 열차 안에서 한 아주머니를 알게 되었다. 중국에서 온 사람으로서 4,5세 가량의 여자아이를 업고 있었다. 열차에서 함께 내린 나는 그 아이를 업고 5시간이나 헤맨 끝에 겨우 목적하는 집을 찾아주었다. 그로부터 3일 후 등교를 하는데 교문 옆에 그 모녀가 서 있는 것을 보았다. 여자아이의 손에는 석남화가 들려 있었다. 나를 보자 활짝 웃으며 꽃을 내밀었다. 여자아이는 석남화를 보고 나의 고마움을 생각했다고 했다. 그것을 어떻게 해서라도 나에게 주고 싶다고 하여, 그 어머니가 아이를 데리고 이른 아침부터 30리를 걸어왔던 것이다.

그 아이가 선물로 준 석남화 한 송이의 아름다움을 지금도 나는 잊지 않는다. 취재하러 온 기자들 중에서 이제까지 가장 인상에 남는 선물은 무엇이냐고 질문하는 사람이 있는데, 나는 판에 박은 듯 그때 받은 석남화 한 송이라고 대답한다. 그리고 그때 나는 처음으로 그 어린 여자아이에게서 여자의 상냥함과 여자다움의 가르침을 받았던 것이다.

인간은 자연의 일부에 지나지 않다

고대 그리스에서는 자연이란 말 속에 인간도 포함되어 있었다. 달·별·태양, 들·산·구름·바다 등이 포함되어 있었던 것은 물론이다. 이렇듯 모든 것이 동일했다. 그러나 아테네 등의 이상 도시를 만들기 시작한 고대 그리스인들은 이렇게 말하지 않을 수 없었다.

"지금 우리들은 인간이 이상으로 하는 도시를 만들려고 하고 있다. 그러기 위해서는 아무래도 그리스의 아름다운 자연을 부수지 않으면 안 된다. 자연 속에 인간이 포함되어 있던 시대에 비추어 본다면 우리들은 너무나도 늦게 태어났다."

우리가 지금 문명의 원형이라고 부르고 있는 그리스 문명과 문화를 만든 고대 그리스인들이 자연을 훼손하면서 했던 말이다. 문명의 발달을 위해 자연은 부득불 훼손시켜야 한다는 논리이다. 이 논리는 현대까지 계속되어왔고, 자연은 문명의 발달과 반비례하여 황폐해졌다.

20대는 인간의 순수한 미의식(美意識)을 가장 예민하게 느끼는 시기이다. 자연과 만남으로써 생명의 경이, 삶의 본질에 대한 철학적 사고를 하게 되는 것도 이 시기이다. 그렇기 때문에 마치 유치원 어린이가 도화지에 그리는 튜울립에서도 대자연을 느끼는 상냥함과 자연을 사랑하는 큰 마음이 필요한 것이다. 역사상의 훌륭한 무인들도 꽃을 사랑했다. 이 말은 곧 참으로 용기 있는 사람은 평소에는 심성이 부드럽다는 것을 의미하고 있다.

지금 20대의 가장 혈기왕성한 젊은이들이 정신적으로는 여성화되어 가는데, 꽃을 사랑하는 마음은 잃어가고 있다. 물질문명에 정신을 팔아버리기 때문일 것이다. 산에 오르는 것은 20대의 젊은이가 가장 많다. 그런데도 산은 황폐해지기만 한다. 산의 나무나 바위에 자신의 이름을 새기는 국민은 아마도 우리뿐일 것이다.

인간은 자연의 일부에 지나지 않는다. 자연으로부터 왔다가 자연으로 돌아가는 존재가 인간인 것이다. 자연의 경이에 겸손할 수 없는 사람은 삶에도 경건할 수 없다. 20대의 젊은이들은 대자연 속에서 삶의 깊고 깊은 의미를 추론할 수 있어야 한다.

자연은 선조들로부터 물려받은 유산이 아니다. 후손들로부터 빌려 쓰는 채무와 같은 것이다. 자연을 고스란히 보존하는 것이 20대의 책무임을 잊지 말아야 한다.

㊽
빛나는 청춘이었던가

나의 현재까지의 인생 중에서
단 한 가지 실수하지 않았던 것은 20세 전후의
청춘을 남에게 자랑할 수 있을 만큼
빛나게 지내왔다는 것이다.
그래야만이 청춘은 가치있는 것으로 된다.

자랑할 만한 청춘을 살아라

20대에 있어서 나의 최대 실수는 나 자신의 가능성이나 적성과는 전혀 맞지 않은 직업을 선정한 것이었다. 그때까지 대학에서 전공한 미학(美學)은 철학의 일종으로, 미란 무엇인가, 예술이란 어떠한 것인가를 생각해가는 학문이었다. 그런데 친구따라서 장난처럼 응시하여 합격한 방송국의 일은, 함부로 현상(現象)을 쫓아가서 쓸데없이 인간의 감각을 자극하는 일을 하는 곳이었다.

나는 고뇌에 고뇌를 거듭했다. 나의 의식은 항상 오늘 그만둘까 내일 그만둘까 하고 생각했었다. 그러면서도 여러 가지 조건이 겹쳐서 끝내 방송국을 떠나지 못하고 오늘에 이르렀다. 내가 이 일을 남과 같은 정도로는 할 수 있을 것 같다고 느낀 것은 불과 5,6년 뒤의 일이다. 브라운관 저쪽에 있는 시청자가

볼 때는, 나를 타고난 방송인으로 생각할 수도 있겠지만, 나는
언제나 발에 맞지 않은 구두를 신은 것처럼 불편했었다. 즉 나
는 남자가 세상을 살아가는 데 있어서 가장 중요한 수단인 직
업을 잘못 선택함으로써 결국 잘못투성이의 인생을 걸어온 것
이 된다. 그러나 지금까지의 인생 중에서 단 한 가지 실수하지
않았던 것은 20세 전후의 청춘을 남에게 자랑할 수 있을 만큼
빛나게 지내왔다는 것이다. 일생의 모든 에너지를 그때 다 써
서, 그 이후는 청춘시절의 남은 것으로 살고 있는 듯한 그런 느
낌이다.

사람은 누구나가 젊다고 말해 주면 솔직히 기뻐한다. 그것은
육체적으로도 건강하며 탄력이 있는 것을 의미하지만, 그 이상
의 깊은 뜻이 내포되어 있다. 그것은 자기 속에 싹터서 나오고
있는 많은 가능성이 싹을 이제부터 길러나가기 위한 긴 시간이
준비되어 있다는 것이다. 그러나 그것을 발전시키지 않으면 청
춘의 가치는 없다. 마치 아무리 많은 책을 사와도 읽지 않고 쌓
아두기만 해서는, 책은 책의 역할을 다 해주지 않은 것과 같은
것이다.

애석한 일로, 인간은 현재라고 하는 시간을 정확하게 포착하
는 것이 서툴다. 현재는 역사가 되지 않기 때문이다. 역사에는
항상 현재의 시점에서 응시하지 않으면 안 된다. 역사는 단순
히 과거에 일어난 일을 아는 것뿐이 아니다. 과거가 역사로서
정립되는 것은 모여진 자료에 근거하여 고증된 것이므로 현대
의 거울 역할을 하는 것이다. 말하자면 인간의 삶에서 생길 수
있는 제반문제에 대한 실례라고 할 수 있다. 역사 속에는 오늘
우리가 고민하고 있는 문제에 대한 해결방법이 제시되어 있다.
삶을 개척했던 선각들의 행보를 더듬어 봄으로써 나의 갈 길을

찾을 수 있는 것이다.

청춘의 한가운데에 있을 때는 청춘의 가치를 알기 어려운 것이다. 오히려 여자아이와 희희낙락 놀고 있는 일이, 고생하며 공부하고 있는 것보다 훨씬 청춘의 한창 때를 느끼게 한다고 생각할 것이 틀림없다.

그러나 자신의 청춘이 자기의 인생에 있어서 얼마나 큰 가치를 주었는가는 세월이 흐른 후에서야 알게 되는 것이다. 이러한 사실이 신이 인간에게 준 어리석음의 하나다. 청춘이 자기의 몸이나 마음에서 사라져가려고 할 때가 되어 비로소 인간은, 특히 놀기만 한 청춘은 '이거 큰일 났구나, 조금 더 어떻게 해두었으면 좋았는데'하고 느끼는 것이다.

충실한 20대에서 자신있는 30대, 40대가 생겨난다

청춘시절에 뭔가를 한 인간은 30대, 40대, 50대로 나이가 들어감에 따라서 20대의 삶이 인생에 깊은 영향을 미쳤다는 것을 깨닫게 된다. 말하자면 인간의 가치를 결정하는 것이다.

얼마 전의 일이다. 나는 차를 타고 해안 도로를 달리고 있었다. 도로의 곳곳에서 경찰관이 속도 위반을 단속하고 있었다. 그런데 갑자기 한 대의 오토바이가 내 차의 좌측을 맹렬한 스피드로 추월하였다. 그때 경찰관이 차도에 나서서 단속을 하려고 했다. 그런데도 2인승 오토바이의 젊은이는 단속에 응하지 않고 돌진했다. 실로 위험한 순간이었다. 자칫했으면 그 경찰관은 오토바이에 치어 사망하거나 크게 다칠 뻔했다.

폭주족이었다. 나는 분개하였다. 그녀석들의 청춘에 대한 증오가 불끈 솟아났다. 운전사에게 "뒤를 쫓아라."하고 소리쳤다. 쫓아가서 잡지는 못해도 적어도 넘버만이라도 확인하여 경찰서에 알려주는 일은 할 수 있었다. 그러자 운전사도 정의 감에 불타서 스피드를 올렸다. 이미 오토바이는 100미터 이상 이나 앞서서 돌진하고 있었다. 젊었을 때 나는 주먹에는 자신 이 있었다. 고등학교 때 후배들을 지키기 위해서 세 명의 폭력 배와 크게 대결하여 한 사람의 팔을 부러뜨리고, 한 사람은 기 절시켰던 일도 있었다. 해볼 테면 해보라였다. 나는 오랜만에 가슴이 뛰었다.

그러나 과연 경찰은 경찰이다. 경찰차가 사이렌을 울리면서 급진하여 그 오토바이를 잡아버렸다. 그것을 보고 나는 그러한 폭주족이 지금의 20대 사람들 중의 극소수에 불과하겠지만, 그 일면을 노출한 것을 생각하면 한심하기 짝이 없었다. 법을 어 기는 만용을 청춘의 구가라고 생각할는지는 모르지만, 그것은 썩은 청춘인 것이다.

가치없는 일에 만용을 부리지 말라. 가치없는 일로 인하여 감옥에 들어가지 말라. 진정한 용기가 무엇인가를 생각하라. 그날그날을 성실하게 살아라. 그리고 일생에 단 한 번의 짝사 랑이라도 좋으니, 죽고 싶을 정도로 연애를 하라.

오래전부터 나는 젊은 사람들을 향해서 이렇게 말하고 있다. 어쨌든 빛나는 청춘을 보내기 바란다.

㊴
자신에게 승부를 걸어라

단도 직입적으로 말하면 20대는
자기를 향상시키기 위한 목표를 잡고,
그것을 향하여 오랜 노력을 하고, 자기의 눈을 뜨며
그것을 실행에 옮겨가는 시기인 것이다.
20대에 하지 않으면 언제 할 시기가 일생 동안에 오겠는가
이제 다시는 오지 않을 것이다.

뻗어가는 20대의 사고 방법 생활 방법

자기! 이것은 우주 최고의 존재다. 자기가 없으면 세상은
없는 것이다. 그 자기에 눈을 뜨는 것이 20대이다. 빠른 사람은
20세가 되었을 때, 이미 사회에 배출된다. 늦어도 20대 초기에
는 학교라고 하는 온실을 나와 거친 황야의 한가운데에 어린
싹으로 서게 된다. 주위는 연륜을 거친 큰 나무가 하늘을 찌를
듯이 서 있고, 무럭무럭 성장하고 있는 젊은 나무들도 많다.

두 잎밖에 싹트고 있지 않은 20대는 심한 비바람이나 때로는
무참하게도 구둣발로 짓밟히면서, 어떻게든 자기를 조금씩조금
씩 발전시켜 나가지 않으면 안 된다. 이제 아무도 비료를 주지
않는다. 양분이나 수분을 메마른 대지에서 흡수하는 것은 모두
가 자기의 노력으로 해야 한다. 그렇지 않으면 안 된다.

좋다! 해주겠다 하고 요원한 하늘을 향하여 결의한 20대가

승리한다. 주위를 둘러보면 자기보다 아직 키가 작은 싹도 물론 있다. 그들과 보조를 맞추어 아래를 향하면 패한다. 인간으로서 가장 필요한 것은, 자기 속에 싹터 나온 가능성을 어떻게 해서든지 최상으로 끌어내려는 노력이다. 한번 그 힘을 뻗치면 이번에는 그것이 어떻게 남을 위하여 소용이 될까 하고 생각해야 한다. 바로 이것을 인간은 사는 보람이라 부르고 있다.

골프를 치거나 도박을 하는 것은 단순한 낙(樂)이다. 그러나 유희는 인간에게 순간의 즐거움을 주기는 하지만 그것은 사는 보람은 아니다. 사는 보람이라는 것은 몇 세가 되어도 자기 자신이 구해야 하는 것이다.

요구하기 전에 노력하라

민주주의의 근본 원칙의 하나는 "요구하기 전에 노력하라."는 것이다. 노력하지 않는 인간은 민주주의 사회에서는 방해자에 불과하다. 이를테면 사회생활의 작은 이해관계에서도 가해자와 피해자가 먼저 충분히 타협하지 않으면 안 되는데, 그것을 하지 않고 곧 정부에 호소하거나 법원에 소송을 제기하거나 한다. 본래 민주주의 사회에서의 정부는 국민의 의사를 실행하기만 하는 사무기관에 지나지 않는다. 그런데 국민들이 사소한 문제까지 정부의 개입을 요청하므로 정부의 권력이 강해지기만 하는 것이다.

20대는 '요구하기 전에 노력하는' 정신을 확고하게 가지고 있어야 한다. 하고자 마음먹은 일에는 어떠한 고난과 어려움에도 굴복하지 않는 철석 같은 신념과 용기가 절대 필요하다.

20대는 그러한 자기, 즉 자기를 향상시키기 위한 목표를 붙

잡고, 그것을 향하여 긴 노력을 해야 하고, 그것을 실행에 옮겨가는 자기를 만들어가는 시기인 것이다. 20대에 하지 않으면 그 기회는 일생을 통해 다시는 없다. 물론 20대는 사회의 최하층이며, 독서량도 적고 사고력도 부족하다. 그렇기 때문에 더욱 노력하는 자세가 필요한 것이다. 20대에 노력하는 자와 그렇지 못한 자의 차이는 전인생의 성패를 결정하는 것이다.

그러나 유의할 점은, 20대는 모양이 없는 추상적인 정신의 존재 방법을 충분히 이해할 수 있는 최후의 시기이기도 하다는 것이다.

20대를 계절로 따진다면 봄에 해당한다. 봄은 씨를 뿌리는 계절이다. 봄에 씨를 뿌려야 가을이면 수확을 할 수 있다. 20대에는 아무리 노력해도 구체적인 성과가 나타나지 않을 때가 있다. 그러나 그것은 오히려 당연한 것이다.

농부의 마음으로 삶을 생각하라. 농부는 봄에 씨를 뿌려놓고 곧바로 수확을 거두려고는 하지 않는다. 왜냐하면 씨에서 싹이 움트고 여름의 뜨거운 태양과 세찬 비바람 속에서 열매가 성장함을 알기 때문이다. 20대의 노력도 이와 마찬가지이다. 성과가 없다고 좌절하지 말라. 20대에서 좌절할 만한 일은 있을 수 없다. 연애만 하더라도, 그 사람을 생각하는 것만으로도 새로운 활력이 자기 속에서 용솟음친다면, 그것이 참다운 연애라는 것을 알기 바란다.

㊿
기체에서, 액체시대로—30대란

소위 독립하는 시기,
30대가 방금 당신 앞에 다가오려고 한다.
그것은 사나이가 사나이로서 일어서려는 때이다.
20대의 축적된 지식이나 사내다움이
일을 통하여 구체적으로 나타나는 때가
30대이다.

50세가 되었을 때 어떤 지위에 있는가

인간을 물질에 비유하면 20대는 기체다. 그리고 30대는 액체이며, 40대 이후는 고체다. 20대는 요원한 성층권(成層圈)까지도 도달하는가 하면, 또 한편으로는 아무리 작은 틈새라도 끼어들어갈 수 있을 정도로 융통이 가능한 기체와 같은 시대이다. 거기에는 무한한 가능성이 비장되어 있을 만큼 웅대한 인생을 걸을 수 있는 힘이 있다. 반대로 세상의 한구석에서 작은 그늘에서밖에 살 수 없게 된 그런 인간을 자기가 만들어 올릴 수도 있다.

기체는 작열하는 태양 아래서도 인간이 죽어버릴 정도의 온도에는 오르지 않는다. 그러나 30대의 액체시대는 너무 더워지면 화상을 입고 너무 차게 하면 동사(凍死)할 위험성을 내포하고 있다. 그렇기 때문에 항상 쾌적한 온도를 유지하도록 자기 자신을 조절하지 않으면 안 된다. 액체의 시기인 30대에 들어가면 상당히 명료한 목적을 가질 수가 있다. 또 물과 같이 그것이 없으면 생물의 모든 것이 살 수 없을 정도로 중요한 지위를 확보하기 시작하는 사람도 나타나는 경우가 있다.

그리고 40대가 되면 이제 '이 사람은 어떤 사람이다'하고 사는 모습이 확연해진다. 다음은 그저 어떻게 그 고체를 단련하여 최후의 틀〔型〕로 만드느냐가 남아 있을 뿐이다. 그것을 완성하는 것이 50대이다. 50세가 되었을 때 자기가 어떤 모양이 되어 있는가, 샐러리맨을 예로 들면 어떤 지위에 있는가로 인생은 결정된다. 거기서 사장을 바라볼 수 있는 지위에 있는 소수인이 그 후의 수년간 우열을 다투는 것뿐이다.

그러면 20대의 당신이 다음에 맞이하는 30대란 어떤 시기일까. 한 마디로 말하면 20대에 축적된 막연한 재능이나, 노력이나, 성격이 명확한 모양을 취하게 되는데, 여전히 용모는 유동성이 많고 품질이 좋고 나쁜 대체적인 가늠이 가능하게 되어가는 시대이다.

정말로 독립하는 때—30대

그런데 50대는 갑자기 오는 것은 아니다. 미래가 오늘이라고 하는 날의 축적인 것과 같이 50대는 20대의 연장선상에 있다는 것을 지금 30대로 접어들려고 하는 당신들은 충분히 인식해 두지 않으면 안 된다.

왜냐하면 50세가 되었을 때 자기가 어떤 입장에 있는가로 인생은 결정되어 버리는데, 그 기초를 쌓은 것이 30대이기 때문이다. 20대는 그 사람 개인의 기본적인 성격을 만드는 최후의

시기인 것이다. 20세의 성인식을 어른으로서의 출발점이라고
생각하는 것은 원칙이다. 그러나 20대는 법률적으로는 어른이
지만 사회적인 현실면에서는 미혼이거나 신혼 초이다. 또한 직
업에 있어서도 인간에 필요한 지도자적 위치는 아직 찾아볼 수
도 없다.

그것이 30대가 되면, 책임이란 이름 아래 직장에서는 관리직
에 승진하고, 집에서는 아버지라고 하는 리더가 되어가는 것
이다. 그것은 20대와는 전혀 다른 존재 방법인 것이다.

그러나 30대의 기초는 20대이다. 이때에 일 잘하는 인간인
가, 사용하기 쉬운 인간인가, 사리에 밝은가, 큰 재능을 내면
에 가지고 있는 인물인가, 성실한가, 근면한가, 노력가인가 등
등의 성격적 단련이 있는 것은 당연하다.

30대가 지금 당신에게 다가오고 있다. 그것은 남자가 남자로
서 일어서는 때이다. 30대의 흥미는 경마에서 말하면 경주로(競
走路)를 달리고 있는 것과 같은 것이다. 앞에 가는 말은 다른
말을 제치고 맹진하고 있다. 최후의 승리를 목표로 한 단원이
되어 달리고 있다. 웬일인지 이미 회복 불가능하다고 생각될
만큼의 거리를 두고 달리고 있는 말도 있고, 이미 기수가 말에
서 떨어진 말도 있다. 어느 것이 1등이 될지 모르지만 이제부
터 40대라고 하는 3코스에서 4코스의 커브를 어떻게 달려서 빠
져나가느냐의 문제인 것이다. 아직 누가 우승할지 모르지만 누
군가 한 사람이 영광의 골에 먼저 도착하는 것만은 확실하다.
인생에는 반드시 종점이 있다. 그 종점은 죽음만을 의미하는
것이며, 사회에 뭔가의 의미로 공헌할 수 있는 최후의 포인트
를 말한다. 남자는 그것을 목표로 심한 생존 경쟁을 이겨나가
지 않으면 안 된다.

　당신은 틀림없이 빛나는 20대를 지내고 있음에 틀림없다고 생각한다.

　그 기세를 밀고 30대에 돌입해 갈 일이다. 한숨을 돌리고 있을 나이가 아니다. 긴장을 풀고 가는 편이 오히려 젊음이 있는 것이다.

　건투와 건강을 빈다.

나는 주목받는
20대이고 싶다

2005년   7월 25일 / 1판 1쇄 인쇄
2005년   7월 31일 / 1판 1쇄 발행
2010년   11월 25일 / 2판 1쇄 발행
2012년   2월 10일 / 3판 1쇄 발행
2016년   3월 20일 / 4판 1쇄 발행

지은이 | 스스끼 켄지
옮긴이 | 이 정 빈
펴낸이 | 김 용 성
펴낸곳 | 지성문화사
등 록 | 제5-14호(1976.10.21)
주 소 | 서울 동대문구 신설동 117-8 예일빌딩
전 화 | 02)2236-0654 , 2233-5554
팩 스 | 02)2236-0655 , 2236-2953

정가 12,000원